Ephraim Kishon

Die netten Nachbarn

Langen*Müller*

Ins Deutsche übertragen von
Friedrich Torberg und Ephraim Kishon

Besuchen Sie uns im Internet unter
www.langen-mueller-verlag.de

© 2011 by Langen*Müller* in der
F.A. Herbig Verlagsbuchhandlung GmbH München
Alle Rechte vorbehalten
Schutzumschlag: www.atelier-sanna.com unter
Verwendung eines Motivs von © PeJo – fotolia.com
Satz: Birgit Veits
Gesetzt aus: 10,7/13,5 GaramondBQ
Druck und Binden: GGP Media GmbH, Pößneck
Printed in Germany
ISBN 978-3-7844-3259-5

Inhaltsverzeichnis

Aus absolut sicherer Quelle

Freunde erwählt man, nahe Verwandte kann man entfernen, aber Nachbarn bleiben Nachbarn. so konnte ich es nicht verhindern, dass Manfred Stockler vor Sonnenaufgang an meine Tür klopfte. Ich muss, obwohl das nicht besonders rühmenswert ist, vorausschicken, dass ich in den frühen Morgenstunden, während die übrige Bevölkerung sich in den Produktionsprozess unseres emsigen Landes einschaltet, gerade noch die Energie aufbringe, mich von einer Seite auf die andere zu wälzen und weiterzuschnarchen.

Man wird somit ermessen können, welchen Schock es für mein labiles Innenleben bedeutete, als ich eines Nachts um sieben Uhr durch wildes, hemmungsloses Klopfen an der Tür aus meinem Schlaf geschreckt wurde. Ich tastete mich hinaus, da die beste Ehefrau von allen alarmsicheres Ohropax in den Ohren hatte. Aber da hatte Manfred die Tür bereits aufgebrochen und stand im Pyjama vor mir.

»Weißt du schon?«, fragte er atemlos.

»Nein«, antwortete ich mit halbgeschlossenen Augen. »Ich will schlafen.« Damit wandte ich mich ab und schlug, vor Müdigkeit torkelnd, den Weg zum ehelichen Schlafzimmer ein.

Mein Nachbar hielt mich an der Hose fest.

»Mensch!«, keuchte er. »Das Histadruthhaus ist in die Luft gegangen! Eine Katastrophe!« (Das Histadruth- oder Gewerkschaftshaus, im Volksmund auch »Kreml« genannt, ist ein pompöses Gebäude, das alles enthält, wovon ein Bürokrat nur irgend träumen kann.)

»Wie gut müssen wir geschlafen haben, wenn uns nicht mal diese Explosion geweckt hat«, brummte ich gähnend.

»Auch ich habe nichts gehört«, gestand Manfred. »Aber Guggelmann sagt, dass ihm davon beinahe das Trommelfell geplatzt wäre. Er war schon um fünf bei mir und ist dann zu den Nachbarhäusern weitergelaufen. Ich habe es übernommen, eure Gegend zu benachrichtigen, damit keine Panik entsteht. Guggelmann ist überzeugt, dass das Haus von Terroristen gesprengt wurde. Über den Ruinen liegen dicke Rauchschwaden. Manchmal sieht man noch kleine Stichflammen in die Höhe schießen.«

Es erschütterte mich, mir das einstmals so stolze Gebäude als rauchenden Trümmerhaufen vorstellen zu müssen. Doch fiel mir gleichzeitig auf, dass mein Freund Manfred von der Wirkung seiner Nachricht so stolzgebläht war, als hätte ihm sein Chef auf die Schulter geklopft. Darüber ärgerte ich mich sehr. Ich habe für die Histadruth als solche nicht viel übrig, weil ihre Funktionäre immer stundenlang reden, ohne dass man nachher wüsste, was sie gesagt haben – aber das ist noch lange kein Grund, über die Zerstörung des Gewerkschaftshauses vor Freude zu strahlen.

»Sag einmal, Manfred – was macht dich eigentlich so glücklich?«, fragte ich unwirsch. »Wozu soll es gut sein, dass dieses Haus in die Luft gegangen ist?«

Manfred sah mich verächtlich an.

»In den Blocks, in denen ich bisher war, hat mir kein Mensch so eine blöde Frage gestellt. Ich bin durchaus nicht glücklich. Ich bin nur nicht so borniert wie du. Als altes Mitglied der Histadruth sage ich dir: Es ist ganz gut, wenn wir von Zeit zu Zeit merken, dass es in diesem Land auch noch andere Kräfte gibt. Um das Haus ist es allerdings schade, das stimmt. Eine Katastrophe.«

Mittlerweile war ich so rettungslos wach geworden, dass ich die Fensterläden öffnete und in die Welt hinausblinzelte. Der neue Tag zog strahlend auf. Vom Mittelmeer wehte eine kühle Brise. Die Wäsche der Familie Kalaniot von nebenan trocknete auf unserem Rasen. Zwei junge Hunde jagten einander im Kreis. Von der Stadtmitte her grüßte das imposante Gebäude der Histadruth. Gerade kam der Zeitungsjunge auf seinem Fahrrad vorüber, verspätet wie immer.

»Verzeih, wenn ich störe – aber die Explosion des Histadruthhauses scheint sich erst im Stadium der Planung zu befinden. Das Haus steht noch.«

Manfred versuchte mit seinen Pantoffeln verschiedene ellipsoide Figuren auf den Teppich zu zeichnen und sah mich nicht an.

»Das Haus ist vollkommen unbeschädigt«, sagte ich mit Nachdruck. »Hast du gehört?«

»Natürlich hab ich gehört. Ich bin ja nicht taub.«

»Willst du es dir nicht anschauen?«

»Nein. Das hat keinen Zweck. Es ist ja heute Nacht in die Luft gesprengt worden. Eine Katastrophe.«

»Aber du kannst es doch hier vom Fenster mit deinen eigenen Augen sehen!«

»Genug!«, brauste Manfred auf. »Du bist wirklich störrisch wie ein Maulesel! Nimm gefälligst zur Kenntnis, dass ich meine Information aus absolut sicherer Quelle habe!« Er warf mir noch ein paar wütende Blicke zu, aber dann schien sich sein Zorn zu legen und freundschaftlichem Mitleid zu weichen. »Na, mach dir nichts draus, mein Alter. Kopf hoch. Man muss auch solche Schicksalsschläge ertragen können. Weiß Gott, wer ein Interesse an dieser Explosion hatte ... eine Katastrophe ... Rauchwolken ... Stichflammen ...«

Die Wolke, die mich jetzt umfing, war nicht rauchig, sondern rot, blutig rot.

»Zum Teufel!«, brüllte ich. »Was stehst du da und erzählst mir Märchen, wo du doch nur ein paar Schritte zum Fenster machen musst, um dich selbst zu überzeugen –«

»Ich brauch mich nicht zu überzeugen. Guggelmanns Wort genügt mir.«

»Und wenn Guggelmann hundertmal sagt, dass –«

»Einen Augenblick!« Empört fiel mir Manfred ins Wort. »Willst du damit vielleicht andeuten, dass Guggelmann ein Lügner ist? Ausgezeichnet. Ich werde mir erlauben, ihm das mitzuteilen. Du kannst dich auf etwas gefasst machen!«

»Wer – was – wieso? Wer ist dieser Guggelmann überhaupt?!«

»Also bitte. Da haben wir's. Er weiß nicht einmal, wer Guggelmann ist – aber er nennt ihn vor der ganzen Welt einen Lügner. Gehst du da nicht ein wenig zu weit?«

Ich sackte zusammen und brach in Tränen aus. Manfred strich mir teilnahmsvoll übers Haar.

»Falls du Wert darauf legst«, sagte er begütigend, »kann ich dir Augenzeugen bringen, die mit ihren eigenen Ohren gehört haben, wie Guggelmann gesagt hat, dass vom ganzen Histadruthgebäude nur ein paar Stichflammen übriggeblieben sind. Eine Katastrophe.«

»Aber hier – von diesem Fenster –«, wimmerte ich.

»Auch das Radio hat es gebracht, wenn dich das beruhigt.«

»Welches Radio?«

»Guggelmanns Radio. Das neueste auf dem Markt. Mindestens neun Röhren.«

Ein paar wahnwitzige Sekunden lang war ich drauf und dran, ihm zu glauben. Das menschliche Auge kann irren, aber Guggelmann bleibt Guggelmann … Dann warf ich mich mit heiserem Röcheln auf Manfred Stockler und zerrte ihn ans Fenster:

»Da – schau!! Schauen sollst du!! Hinausschauen!!«

»Wozu?« Manfred schloss die Augen und krümmte sich in meinem eisernen Griff. »Wenn ich zum Fenster hinausschauen wollte, könnte ich ja zu meinem eigenen Fenster hinausschauen. Aber Guggelmann hat gesagt –«

»Schau – schau hinaus – schau – schau hinaus –«, ich hatte mich in seinen Haaren festgekrallt und schlug seine Stirn im Takt gegen den Fensterrahmen, »schau

11

hinaus und sag mir, ob sie das Haus in die Luft gesprengt haben oder nicht. Ob das Haus dasteht oder nicht.«

»Jetzt steht es da«, sagte Manfred.

»Was heißt das – jetzt?«

»Es wurde heute Nacht in die Luft gesprengt und am Morgen wieder aufgebaut.«

Schlaff sanken meine Arme nieder. Manfred entwand sich mir unter hässlichen Flüchen und eilte in den klaren Morgen hinaus, um die noch nicht informierten Nachbarn über die Katastrophe zu informieren.

Ich schleppte mich mühsam ins Bett neben die friedlich schlummernde beste Ehefrau von allen zurück, schloss die Augen und verfiel in einen krampfigen, ungesunden Schlaf, der auch pünktlich einen Alptraum mit sich brachte: Sämtliche Atombombenvorräte sämtlicher Großmächte waren durch einen Irrtum gleichzeitig explodiert, und die ganze Welt lag in Trümmern. Nur das Histadruthgebäude stand unversehrt da.

Übrigens bin ich keineswegs sicher, ob so etwas nicht wirklich passieren kann. Ich muss Guggelmann fragen.

Die Früchte des Misstrauens

Vor einiger Zeit erklärte meine Gattin, dass sie ihre Haushaltspflichten nicht mehr allein bewältigen könne. Sie wüchsen ihr einfach über den Kopf, seit auch noch der Kanari hinzugekommen sei. Und es müsste sofort eine tüchtige Hilfskraft her.

Nach langen Prüfungen entschieden wir uns für Mazal, ein weibliches Wesen, das in der Nachbarschaft den besten Ruf genoss. Mazal war eine Orientalin von mittleren Jahren und gelehrtem Aussehen. Dieses verdankte sie ihrer randlosen Brille, die sie mit zwei Drähten auf der Nasenspitze balancierte.

Es war Liebe auf den ersten Blick. Wir wussten sofort, dass Mazal die Richtige war, meine überarbeitete Ehegefährtin zu entlasten. Es ging auch alles ganz glatt – bis plötzlich unsere Nachbarin, Frau Schawuah Tow, das Misstrauen in unsere nur allzu empfänglichen Ohren träufelte. »Ihr Einfaltspinsel«, sagte Frau Schawuah Tow, als sie uns eines Morgens besuchte und unsere Hausgehilfin eifrig mit dem Besen hantieren sah. »Wenn eine Weibsperson wie Mazal für euch arbeitet, dann tut sie es ganz gewiss nicht um des schäbigen Gehaltes willen, das sie von euch bekommt.«

»Warum täte sie es sonst?«

»Um zu stehlen«, sagte Frau Schawuah Tow. Wir wiesen diese Verleumdung energisch zurück. Niemals, so sagten wir, würde Mazal so etwas tun.

Aber meiner Frau fiel bald auf, dass Mazal, wenn sie den Fußboden kehrte, uns nicht in die Augen sah. Irgendwie erinnerte sie uns an das Verhalten Raskolnikows in »Schuld und Sühne«. Und die Taschen ihres Arbeitskittels waren ganz ungewöhnlich groß.

Mit Raffinement begann ich sie zu beobachten, wobei ich so tat, als wäre ich in die Zeitungslektüre vertieft. Ich merkte, dass Mazal besonders unser Silberbesteck mit merkwürdig gieriger Freude säuberte. Auch andere Verdachtsmomente erhärteten sich. Die Spannung wuchs und wurde nach und nach so unerträglich, dass ich vorschlug, die Polizei zu verständigen.

Meine Frau jedoch, Leserin von Detektivgeschichten, meinte, dass es sich um mehr oder weniger anfechtbare Indizienbeweise handle und dass wir vielleicht besser unsere Nachbarin um Rat fragen sollten.

»Ihr müsst das Ungeheuer in flagranti erwischen«, erklärte Frau Schawuah Tow. »Zum Beispiel könntet ihr irgendwo Geld verstecken. Und wenn Mazal es findet, ohne es zurückzugeben, dann schleppt sie vor den Richter!«

Am nächsten Tag stellten wir die Falle. Wir entschieden uns für eine Fünfpfundnote, die wir unter die Badezimmermatte praktizierten. Vom frühen Morgen an war ich so aufgeregt, dass ich nicht arbeiten konnte. Auch meine Frau klagte über stechende Kopfschmerzen. Immerhin gelang es uns, einen detaillierten Operationsplan festzulegen: Meine Frau würde die Ertappte zurückhalten, während ich die Polizei alarmierte.

»Schalom«, grüßte Mazal, als sie ins Zimmer trat.

»Ich habe unter der Matte im Badezimmer zehn Pfund gefunden.«

Wir verbargen unsere Enttäuschung hinter unverbindlichem Gemurmel, zogen uns zurück und waren fassungslos. Minutenlang konnten wir einander überhaupt nicht in die Augen sehen. Dann sagte meine Ehegattin: »Ich habe nie begriffen, wie du diesem goldehrlichen Geschöpf zutrauen konntest, seine Arbeitgeber zu bestehlen.«

»Ich hätte gesagt, dass sie stiehlt? Ich?!« Meine Stimme überschlug sich in gerechtem Zorn. »Eine Unverschämtheit von dir, so etwas zu behaupten! Die ganzen letzten Tage hindurch habe ich mich vergebens bemüht, dieses Muster einer tugendhaften Person gegen deine infamen Verdächtigungen zu schützen!«

»Dass ich nicht lache«, sagte meine Frau und lachte. »Du bist wirklich komisch.«

»So? Ich bin komisch? Möchtest du mir vielleicht sagen, wer die zehn Pfund unter der Matte versteckt hat, obwohl wir doch nur fünf Pfund verstecken wollten? Hätte Mazal – wozu sie natürlich unfähig ist – das Geld wirklich gestohlen, dann wären wir um zehn Pfund ärmer geworden.« Bis zum Abend sprachen wir kein einziges Wort mehr. Als Mazal ihre Arbeit beendet hatte, kam sie sich verabschieden.

»Gute Nacht, Mazal«, sagte meine Frau betont herzlich. »Auf Wiedersehen morgen früh. Und seien Sie pünktlich.«

»Ja«, antwortete die brave Hausgehilfin. »Gewiss. Wünscht Madame mir jetzt noch etwas zu geben?«

15

»Ihnen etwas geben? Wie kommen Sie darauf, meine Liebe?«

Daraufhin entstand der größte Radau, den es in dieser Gegend seit zweitausend Jahren gegeben hat.

»Madame wünscht mir also nichts zu geben?!«, kreischte Mazal mit funkelnden Augen. »Und was ist mit meinem Geld? He?! Sie wissen doch ganz genau, dass Sie eine Fünfpfundnote unter die Matte gelegt haben, damit ich sie stehlen soll! Ihr wolltet mich wohl auf die Probe stellen, ihr Obergescheiten, was?!«

Meine Gattin verfärbte sich. Ich hoffte, dass die Erde sich auftun und mich verschlingen würde, aber ich hoffte vergebens.

»Na? Auf was warten Sie noch?« Mazal wurde ungeduldig. »Oder wollen Sie vielleicht mein Geld behalten?«

»Entschuldigen Sie, liebe Mazal«, sagte ich mit verlegenem Lächeln. »Hier, bitte, sind Ihre fünf Pfund, liebe Mazal.«

Mazal riss mir die Banknote unwirsch aus der Hand und stopfte sie in eine ihrer übergroßen Taschen.

»Es versteht sich von selbst«, erklärte sie kühl, »dass ich nicht länger in einem Haus arbeiten kann, in dem gestohlen wird. Zum Glück habe ich das noch rechtzeitig entdeckt. Man darf den Menschen heutzutage nicht trauen …«

Sie ging, und wir haben sie nie mehr wiedergesehen.

Frau Schawuah Tow jedoch erzählte in der ganzen Nachbarschaft herum, dass wir versucht hätten, eine arme, ehrliche Hausgehilfin auszunehmen.

Seligs atmosphärische Störungen

Ich spreche aus eigener Erfahrung. Wir haben seit langem Schwierigkeiten mit unseren Nachbarn, den Seligs. Was die mit ihrem Radio aufführen, ist einfach unerträglich. Jeden Abend um 18 Uhr kommt Felix Selig todmüde nach Hause, hat aber noch genug Kraft, zum Radio zu wanken und es auf volle Stärke einzustellen. Ob Nachrichten, Musik oder literarische Vorträge herauskommen, ist ihm gleichgültig. Wenn es nur Lärm macht. Und dieser Lärm dringt bis in die entlegensten Winkel unserer Wohnung.

Die Frage, wie wir uns dagegen wehren könnten, beschäftigt uns schon seit geraumer Zeit. Meine Frau, die den Seligs unter ungeheurer Selbstüberwindung einen Besuch abgestattet hat, behauptet, dass wir das Opfer eines akustischen Phänomens seien: Das Radio dröhnt bei uns noch lauter als bei den Seligs selbst. Jedenfalls ist die Trennwand zwischen den beiden Wohnungen so dünn, dass wir beim Ausziehen das Licht abdrehen, um keine lebenden Bilder an die Wand zu werfen. Dass durch diese Wand selbst das leiseste Flüstern zu hören ist, versteht sich von selbst.

Nur ein Wunder konnte uns retten.

Und das Wunder geschah.

Eines Abends, als Seligs Höllenmaschine wieder ihren ohrenbetäubenden Lärm entfaltete, musste ich mich wegen eines unvorhergesehenen Theaterbesuchs rasieren. Kaum hatte ich meinen elektrischen Rasierapparat eingeschaltet, als es in Seligs Radio laut zu knacksen begann. Ich zog den Steckkontakt heraus – und das Knacksen hörte auf. Ich schaltete ihn wieder ein – es knackste und knackste. Dann hörte ich Felix Seligs Stimme: »Erna! Was ist mit unserem Radio los? Dieses Knacksen macht mich verrückt!«

Ungeahnte Perspektiven eröffneten sich.

Der nächste Abend fand mich wohl vorbereitet. Als Felix Selig um 18 Uhr nach Hause kam, wartete ich bereits mit gezücktem Rasierapparat. Felix torkelte zum Radio und drehte es an. Eine Minute ließ ich verstreichen – dann suchte mein elektrischer Rasierapparat Kontakt und fand ihn. Augenblicklich verwandelte sich in der nachbarlichen Wohnung eine wunderschöne Pianopassage von Rachmaninow in ein Fortissimo-Krkrkrk. Felix nahm es zunächst noch hin, offenbar in der Hoffnung, dass die atmosphärische Störung bald vorüber sein würde. Endlich hatte er genug.

»Hör auf, um Himmels willen!«, brüllte er entnervt in den Kasten, und seine Stimme klang so beschwörend, dass ich unwillkürlich den Stecker aus der Wand zog.

Jetzt stellte Felix das Radio ab, rief mit heiserer Stimme nach seiner Frau und sagte, für unsere angespannten Ohren deutlich zu hören:

»Erna, es ist etwas sehr Merkwürdiges geschehen. Der Apparat hat geknackst – ich habe ›Hör auf!‹ gebrüllt – und er hat aufgehört.«

»Felix«, antwortete Erna, »du bist schon länger über-arbeitet. Heute wirst du früher schlafen gehen.«

»Du glaubst mir nicht?« brauste Felix auf. »Du miss-traust den Worten deines Mannes? Höre selbst!«

Und er drehte das Radio auf.

Wir konnten sie beinahe sehen, wie sie vor dem Kasten standen und auf das ominöse Knacksen warte-ten. Um die Spannung zu steigern, wartete ich eine Weile.

»Ganz wie ich sagte«, meinte Frau Selig. »Du redest dummes Zeug. Wo bleibt das Knacksen?«

»Wenn ich's dir vorführen will, kommt's natürlich nicht«, fauchte der enttäuschte Felix. Dann wandte er sich mit hämischer Herausforderung direkt an das Ra-dio: »Also du willst nicht knacksen, was?«

Ich schaltete den Rasierapparat ein. Krkrkrk.

»Tatsächlich«, flüsterte Erna. »Jetzt knackst er. Es ist wirklich unheimlich. Ich habe Angst. Sag ihm, dass er aufhören soll.«

»Hör auf«, sagte Felix gepresst. »Bitte hör auf …«

Ich zog den Stecker heraus.

Am nächsten Tag traf ich Felix im Stiegenhaus. Er sah angegriffen aus, ging ein wenig schlotternd, und unter seinen verquollenen Augen standen große dunk-le Ringe. Wir plauderten zunächst über das schöne Wetter – dann packte mich Felix plötzlich am Arm und fragte:

»Glauben Sie an übernatürliche Phänomene?«

»Selbstverständlich nicht. Warum?«

»Ich frage nur.«

»Mein Großvater, der ein sehr gescheiter Mann war«, sagte ich sinnend, »glaubte an derartige Dinge.«

»An Geister?«

»Nicht gerade an Geister. Aber er war überzeugt, dass tote Gegenstände – es klingt ein wenig lächerlich, entschuldigen Sie – also dass Dinge wie ein Tisch, eine Schreibmaschine, ein Grammophon, sozusagen ihre eigene Seele haben. Was ist mit Ihnen, mein Lieber?«

»Nichts … danke …«

»Mein Großvater schwor, dass sein Grammophon ihn hasste. Was sagen Sie zu diesem Unsinn?«

»Es hasste ihn?«

»So behauptete er. Und eines Nachts – aber das hat natürlich nichts damit zu tun – fanden wir ihn leblos neben dem Grammophon liegen. Die Platte lief noch.«

»Entschuldigen Sie«, sagte mein Nachbar. »Mir ist ein wenig übel.«

Ich stützte ihn die Treppe hinauf, sauste in meine Wohnung und stellte den Rasierapparat bereit. Nebenan hörte ich Felix Selig mehrere Gläser Brandy hinabgurgeln, ehe er mit zitternder Hand sein Radio andrehte.

»Du hasst mich!«, rief der Leidgeprüfte. (Seine Stimme kam, wie wir zu hören glaubten, von unten; wahrscheinlich kniete er.) »Ich weiß, dass du mich hasst. Ich weiß es.«

Krkrkrk. Ich ließ den Rasierapparat etwa zwei Minuten eingeschaltet, ehe ich ihn abstellte.

»Was haben wir dir getan?«, erklang Frau Seligs flehende Stimme. »Haben wir dich schlecht behandelt?«

20

»Krkrkrk.«

Jetzt war es soweit. Unser Schlachtplan trat in die entscheidende Phase. Meine Frau ging zu den Seligs.

Schmunzelnd hörte ich, wie die Seligs meiner Frau erzählten, dass ihr Radio übernatürliche Kräfte besäße.

Nach einigem Nachdenken rückte meine Frau mit dem Vorschlag heraus, das Radio zu exorzieren.

»Geht das?«, riefen die zwei Seligs wie aus einem Munde. »Können Sie das? Dann tun Sie's bitte!«

Das Radio wurde angedreht. Der große Augenblick war gekommen.

»Geist im Radio«, rief die beste Ehefrau von allen. »Wenn du mich hörst, dann gib uns ein Zeichen!«

Rasierapparat einstellen – krkrkrk.

»Ich danke dir.«

Rasierapparat abstellen.

»Geist«, rief meine Frau, »gib uns ein Zeichen, ob dieses Radio in Betrieb bleiben soll?«

Rasierapparat bleibt abgestellt.

»Willst du vielleicht, dass es lauter spielen soll?«

Rasierapparat bleibt abgestellt.

»Dann willst du vielleicht, dass die Seligs ihr Radio überhaupt nicht mehr benützen sollen?«

Rasierapparat einstellen.

Rasierapparat einstellen! Einstellen!!

Um Himmels willen, warum hört man nichts … kein Knacksen, kein Krkrkrk, nichts …

Der Rasierapparat streikte. Der Motor oder sonstwas. Jahrelang hatte er tadellos funktioniert, und gerade jetzt …

»Geist, hörst du mich nicht?« Meine Frau hob die Stimme. »Ich frage: Willst du, dass die Seligs aufhören, diesen entsetzlichen Kasten zu verwenden? Gib uns ein Zeichen! Antworte!!«

Verzweifelt stieß ich den Apparat in den Steckkontakt, wieder und wieder – es half nichts. Nicht das leiseste Krkrkrk erklang. Vielleicht haben tote Gegenstände wirklich eine Seele.

»Warum knackst du nicht?«, rief meine Frau schon ein wenig schrill. »Gib uns ein Zeichen, du Idiot! Sag den Seligs, dass sie nie wieder ihr Radio spielen sollen! Ephraim!!«

Jetzt war sie um eine Kleinigkeit zu weit gegangen. Ich glaubte zu sehen, wie die Seligs sich mit einem vielsagenden Blick ihr zuwandten.

Am nächsten Tag ließ ich den Rasierapparat reparieren. Expressreparaturen kosten viel Geld.

»Der Motor war kaputt«, sagte mir der Elektriker. »Ich habe einen neuen hineingetan. Jetzt wird es auch in Ihrem Radio keine Störungen mehr geben.«

Seither dröhnt das Radio unseres Nachbarn ungestört in jedem Winkel unserer Wohnung. Ob tote Gegenstände eine Seele haben, weiß ich nicht. Aber sie haben bestimmt keinen Humor.

Wir kommen von der
Stadtverwaltung

Wieder einmal schlenderte ich mit meinem Freund Jossele, dem phantasievollen Weltmeister im Nichtstun, von einem Kaffeehaus zum andern, wieder einmal wussten wir nicht, was wir mit dem angebrochenen Nachmittag anfangen sollten. Da hatte Jossele plötzlich eine Idee.

»Weißt du was? Lass uns ›Wir kommen von der Stadtverwaltung‹ spielen!«

Damit zog er mich ins nächste Haus und läutete an der erstbesten Tür. Man öffnete, und wir traten ein.

»Schalom«, sagte er. »Wir kommen von der Stadtverwaltung.«

Der Wohnungsinhaber wurde blass, umarmte seine Frau und fragte nach dem Grund unseres Besuchs.

»Sie haben die Anzahl der Stühle in Ihrer Wohnung nicht angegeben«, sagte Jossele und zog aus seiner Brusttasche einige Papiere hervor, Briefe, Mahnungen und Ähnliches. »Ihre Erklärung ist überfällig!«

»Welche Erklärung?«

»Ihre Steuererklärung für die Bestuhlung Ihrer Wohnräume. Jede Sitzgelegenheit muss angegeben werden. Lesen Sie denn keine Zeitungen?«

»Ich, ja ...«, stotterte der Schuldige. »Irgendetwas habe ich schon gelesen. Aber ich dachte, das bezieht sich nur auf Büroräume.«

»Dürfen wir eine Bestandsaufnahme durchführen?«, fragte Jossele höflich.

Wir gingen durch die Wohnung und notierten vier Fauteuils im Wohnzimmer, je zwei Stühle in den beiden Schlafzimmern und einen unter dem Küchentisch versteckten Schemel. Das Ehepaar folgte uns zitternd.

»Haben Sie vielleicht Eimer im Haus?«, fragte Jossele als nächstes.

»Ja. Einen.«

»Kann umgedreht werden und gilt als Notsitz.«

Jossele notierte den Zuwachs.

Jetzt wurde der Mann wütend. »Das geht zu weit. Als ob ich nicht schon genug Steuern bezahle.«

»Was wollen Sie von mir?«, entgegnete Jossele beleidigt. »Ich bin nur ein kleiner Beamter, der seine Anweisungen befolgt. Das Ganze wird Sie ungefähr 270 Pfund kosten.«

Die Hausfrau, offenbar der ängstlichere Teil des Ehepaars, wollte den Betrag sofort bar bezahlen. Jossele verweigerte jedoch die Annahme des Geldes, er wisse schließlich nicht, wie hoch die Zusatzsumme für das Zahlungsversäumnis wäre.

Damit verabschiedeten wir uns.

In der Nachbarwohnung registrierten wir die Schlüssellöcher und belegten sie mit einer jährlichen Steuer von 390 Pfund. Nächste Woche nehmen wir uns die Glühbirnen vor. Von 60 Watt an aufwärts.

Der Fisch stinkt vom Kopfe

Hätten uns die Stocklers an jenem unglückseligen Donnerstag nicht eingeladen, so wäre ich heute noch ein freier Mensch. Die Stocklers jedoch haben uns eingeladen, und der Anblick, der sich uns gleich beim Betreten ihrer Wohnung bot, benahm uns den Atem. Überall standen traumhaft schöne Aquarien herum, die von innen farbenprächtig beleuchtet waren und deren kleine Bewohner sich offenkundig so wohl fühlten wie Fische im Wasser.

»Das hat meinem Leben einen neuen Sinn gegeben«, sagte Stockler mit einer von Dankbarkeit vibrierenden Stimme. »Ihr ahnt ja nicht, was für eine himmlische Nervenberuhigung davon ausgeht, sich einfach hinzusetzen und diese kleinen Geschöpfe anzuschauen … nur anzuschauen … nichts weiter …«

Wir setzten uns einfach hin und schauten die kleinen Geschöpfe an, nichts weiter. Im zweiten Aquarium von rechts entdeckten wir einen ungewöhnlich schönen Fisch, dessen Schuppen in allen Regenbogenfarben glitzerten.

»Der da?«, Stockler machte eine verächtliche Handbewegung. »Das ist eine der billigsten Sorten. Jeder, der sie hat, will sie loswerden.«

»Warum?«, fragte meine Frau.

»Weil es so kindisch einfach ist, sie zu züchten! Hingegen« – und Stockler deutete mit unendlich liebevol-

25

ler Gebärde auf ein paar ordinäre, reizlos gestreifte Fische in einem andern Behälter – »hingegen wissen nur die wenigsten Leute, wie man den berühmten Pyjama-Fisch züchtet.«

Nach und nach erfuhren wir, dass Stockler jeden einzelnen Fisch in seiner Wohnung persönlich großgezogen hatte, worauf er mit Recht sehr stolz war. Überflüssig zu sagen, dass er schon seit geraumer Zeit ganze Bataillone von Fischen an Masalgowitsch liefert, die führende Tierhandlung der Stadt, und dass ihm das nicht selten bis zu zweihundert Pfund einbringt. Nach der letzten Laichperiode, die offenbar besonders lebhaft verlaufen war, steigerte sich sein wöchentlicher Durchschnittsverdienst sogar auf dreihundert Pfund.

Die Fische begannen mir zu gefallen. Fische zu züchten ist ein außerordentlich liebenswertes Hobby. Und dabei so nervenberuhigend.

»Vor einem Jahr hatte ich ein einziges kleines Aquarium«, erinnerte sich unser Gastgeber mit verträumtem Lächeln. »Heute habe ich achtundzwanzig in verschiedenen Größen. Demnächst installiere ich zwölf weitere im Nebenzimmer, das seit meiner Scheidung leersteht.«

»Machen Ihnen die Fische nicht sehr viel Arbeit?«

»Arbeit?« Die Borniertheit meiner Frage ging sichtlich über Stocklers Fassungsvermögen. Allerhöchstens fünf Minuten am Tag. Was brauchen diese süßen kleinen Kerle denn schon? Ein bisschen Verständnis, ein bisschen Aufmerksamkeit, das ist alles. Und ich kenne jeden einzelnen von ihnen, als wäre er ein alter Freund.«

Bei diesen Worten steckte Stockler seinen Zeigefinger ins nächste Aquarium und gab einen gurrenden Laut von sich, worauf sämtliche Pyjama-Fische von Panik erfasst wurden und in die entfernteste Ecke des Behälters stoben. Einige versuchten sich in den Bodensand einzugraben, an allen Flossen zitternd. Zwei trafen Anstalten aus dem Wasser zu springen. »Sie sind schwanger, die Guten«, erläuterte Stockler. »Ich erwarte ungefähr tausend Fingerlinge ...«

Muss ich weitererzählen? Am nächsten Tag gingen wir zu Masalgowitsch.

»Willkommen in der großen, glücklichen Familie der tropischen Fischliebhaber!«, begrüßte er uns. »Bei mir bekommen Sie alles, was Sie brauchen, und in der besten Qualität, die es gibt.«

Tatsächlich strahlte der ganze Laden die unverkennbare Atmosphäre professioneller Kennerschaft aus. Es wimmelte von Aquarien in allen erdenklichen Größen und in jeder nur möglichen Ausführung, von Zubehören und Füllungen, von Schlingpflanzen und Algen und Korallenriffen, von elektrischen Spülapparaten und Unterwasserheizkissen.

Angesichts der schier unübersehbaren Pracht hatten wir Mühe, eine Auswahl zu treffen, die unseren einigermaßen beengten Finanzverhältnissen halbwegs entsprach. Schließlich erstanden wir ein mittelgroßes Aquarium, das wir jedoch mit einer Vielfarbenbatterie und einer elektrischen Luftpumpe ausstatten ließen. Natürlich kauften wir auch die nötigen Spezialfilter zur Reinigung des Wassers. Und die nötigen Reinigungsutensilien. Und ein verstellbares Netz. Masalgowitsch überzeugte uns, dass wir auch eine Abkratzvorrichtung für Seitenwand-Algen brauchten. Und ausreichende Mengen weißen Sandes, feinkörnig. Und einen Warmwasserkocher, der 25 Liter faßte. Und einen Korb für Würmer. Und Würmer. Denn der Wurm ist des Fisches Lieblingsspeise.

»Daran darfst du dich nicht stoßen«, tröstete ich meine kleine Frau. »Auch die Eskimos essen Würmer. In manchen Provinzen Chinas gelten sie sogar als Delikatesse. Die Würmer, nicht die Eskimos.«

Meine kleine Frau, schweigsam wie nur sehr selten, begnügte sich mit der Mitteilung, dass sie weder ein Eskimo sei noch in einer chinesischen Provinz lebe. Ehrlicherweise musste man ja auch zugeben, dass diese Würmer, zumindest auf den ersten Blick, tatsächlich wie Würmer aussahen: längliche, rote Fleischnudeln, die sich ununterbrochen krümmten und ununterbrochen gar nicht gut rochen ... nun ja. Schönes Wetter heute. Lieben Sie Brahms?

Als wir unsere Fracht abtransportieren wollten, erinnerte uns Masalgowitsch, dass es unter den gegebenen Umständen eigentlich üblich sei, auch Fische zu kaufen.

Unsere Barschaft reichte gerade noch für zwei Pyjama-Fische. Mit kundigem Griff holte Masalgowitsch das glückliche Paar aus seinem Behälter hervor, tat es in ein Glas und überreichte es uns.

»Sie sind ganz leicht zu unterscheiden. Das Weibchen ist immer etwas größer als das Männchen.«

Wir prüften unser Paar und stellten fest, dass sie beide absolut gleich groß waren.

»Kommt vor«, lachte Masalgowitsch. »Es ist ein besonders fettes Männchen und ein besonders mageres Weibchen. Aber seien Sie unbesorgt – sie werden Ihnen eine Menge kleiner Pyjamas schenken, die beiden Schlingel, hahaha ...«

Zu Hause installierten wir alles genau nach der Gebrauchsanweisung. Wir setzten die ein wenig lärmende elektrische Pumpe in Betrieb und drehten den Warmwasserkocher an, damit unsere kleinen Lieblinge sich nicht erkälteten. Schwierigkeiten ergaben sich bei der Unterbringung der Würmer. Masalgowitsch hatte als geeigneten Aufenthaltsort den Kühlschrank empfohlen, aber meine Frau drohte mit Hungerstreik, falls etwas dergleichen geschähe.

Sie war als Kind sehr verhätschelt worden, und die Folgen einer so grundfalschen Erziehungsmethode müssen sich früher oder später zeigen. Unter dem Bett wäre genügend Platz gewesen, aber da wollte meine Frau – es ist nicht ihre Schuld, es ist die Schuld ihrer Eltern – unbedingt wissen, ob eine Garantie dagegen bestünde, dass die Würmchen in der Nacht nicht vielleicht aus dem Körbchen kröchen und in unser Bettchen hinein ... Schließlich verbannten wir sie ins Badezimmer.

Am nächsten Morgen standen wir frühzeitig auf, denn wir konnten es kaum erwarten. Wir setzten uns einfach hin und schauten die kleinen Geschöpfe an, nichts weiter. Ihr Anblick wirkte im höchsten Grad nervenberuhigend, obwohl uns nach einiger Zeit auffiel, dass sie sich überhaupt nicht bewegten. Sie lagen auf dem Boden des Aquariums, mit den Bauchflossen nach oben. Sie waren – es ließ sich auf die Dauer nicht leugnen – tot. Als wir dem Vorfall nachgingen, entdeckten wir, dass das Wasser siedend heiß war. Wir hatten die beiden Pyjamas über Nacht gargekocht.

An diesem Punkt stellte sich uns ein Problem, mit dem es jeder tropische Fischliebhaber immer wieder zu tun bekommt: Wie wird man tote Fische los? Soll man sie zum Küchenabfall werfen? Meine Frau erbleichte bei dem bloßen Gedanken. Soll man sie im Hof begraben? Wir wohnen im dritten Stock. Soll man sie der Katze des Wohnungsnachbarn geben? Er hat keine Katze. Man kann nur versuchen, sie dort, wo hinuntergespült wird, hinunterzuspülen.

Wir versuchten es, und es gelang. Dann gingen wir zu Masalgowitsch, um ihn von unserem Missgeschick in Kenntnis zu setzen.

»Was ist Ihnen da eingefallen?«, fragte Masalgowitsch tadelnd. »Seit wann lässt man den Boiler die ganze Nacht lang laufen? Hat man so etwas je gehört? Wissen Sie denn nicht, dass die Wassertemperatur unbedingt jede Stunde kontrolliert werden muss?«

Eine rasche Kopfrechnung nahm dieser Mitteilung viel von ihrem Schrecken: Wenn man für jede Kontrolle nicht länger als zehn Sekunden veranschlagte, würde das am Tag eine Gesamtsumme von fünf Minuten ergeben, ganz wie Stockler gesagt hatte.

Beruhigt kaufte ich sechs neue Pyjamas, um den

Wahrscheinlichkeitsquotienten für das Überleben eines Paares zu steigern. Was die Wassertemperatur betraf, einigte ich mich mit meiner Frau auf eine gestaffelte Kontrolle: Ich kontrollierte die Temperatur bei Tag, in der Nacht hingegen wurde die Kontrolle von mir durchgeführt. Meine Frau lehnte jede weitere Mitarbeit ab und wünschte sogar das baldige Ende der sechs neuen Pyjamas herbei.

Sie ist, wie ich schon angedeutet habe, ein verzogenes Kind.

So sitze ich denn allein vor dem Aquarium und sehe zu, wie sich die kleinen Geschöpfchen vermehren. Bisher haben sie sich zwar noch nicht vermehrt, aber jetzt muss es sehr bald losgehen.

Wieder ein kleines Missgeschick. Es spielt keine Rolle, wirklich nicht, und ich erwähne es nur der Vollständigkeit halber: Eines Morgens waren unsere Pyjamas mit einem weißen Punktmuster besät, kratzten sich wie verrückt und segelten mit einer deutlichen Schlagseite nach links durch das Aquarium.

»Tut mir leid, Kinder«, sagte ich. »Das ist eure Sache. Ich kann euch da nicht helfen.«

Als sie zwei Tage später jede Ähnlichkeit mit Fischen eingebüßt hatten und nur noch auf dem Rücken schwammen, entschloss ich mich zu einer Gegenmaßnahme und spritzte eine kleine Ladung DDT ins Wasser. Offenbar kam ich mit diesem vorzüglichen Einfall zu spät. Denn schon nach zwei Minuten stiegen die Fische an die Oberfläche und hauchten ihre Pyjamaseele aus. Ich stürzte zu Masalgowitsch, kaufte fünf

neue Paare und brachte ihn durch geschickte Fangfra-
gen so weit, dass er mir ein paar Geheimnisse aus dem
Born seiner reichen Erfahrung preisgab.

»Sie müssen die Paare getrennt unterbringen. Jedes
in einem eigenen Aquarium, sonst vermehren sie sich
nicht. Oder würden Sie und Ihre Frau in einem Zimmer leben wollen, das Sie mit zehn Fremden teilen
müssen?«

Der Vergleich hinkte. Meine Frau lebte längst nicht
mehr in einem Zimmer mit mir, schon seit jenem Tage
nicht, da sie die Würmer auf meinem Schreibtisch gefunden hatte. Trotzdem dankte ich Masalgowitsch für
seinen einleuchtenden Ratschlag und erwarb vier be-
queme Behälter für verheiratete Pyjamas. Zu Hause
stellte ich die Paare sorgfältig zusammen, immer einen
fetten Pyjama mit einem mageren. Dann wartete ich
darauf, dass sie sich zu vermehren begännen. Sie begannen sich nicht zu vermehren. Sie flirteten und
knutschten ein wenig herum, aber zu einer seriösen
Beziehung kam es nicht. Es machte den Eindruck, als
wären alle Pyjamas männlich. Und das war ein sehr
trauriger Eindruck.

Stockler erwies sich in diesen schweren Tagen als
eine wahre Säule des Trostes und der Zuversicht. Er be-
schwor mich, den Glauben an die Zukunft nicht zu
verlieren, und gab mir wertvolle Tips für die Pyjama-
zucht. Zum Beispiel sollte ich zwei Teelöffel feines Ta-
felsalz mit je drei Litern Wasser mischen. Ich mischte.
Nichts rührte sich. Nur ein salzempfindlicher Pyjama
biß mich in den Finger. Masalgowitsch machte mich

auf einen verhängnisvollen Fehler aufmerksam: Ich hatte vergessen, den Sand mit Regenwasser zu versetzen, das durch einen Seidenstrumpf passiert werden musste. Ich passierte. Meine Frau verließ die gemeinsame Wohnung. Von einer Pyjamavermehrung war nichts zu sehen. Stockler verriet mir einen alten Kunstgriff der japanischen Perlenfischer: kleine farbige Glasstückchen auf den Grund des Aquariums zu verstreuen. Ich verstreute. Die Pyjamas, statt für künftige Generationen zu sorgen, spielten mit dem bunten Glas und freuten sich sehr.

Dass es nach einiger Zeit trotzdem zu einem Zeugungsakt kam, war ein böser Irrtum: Zwei ordinäre Goldfische hatten sich in einen der Behälter eingeschlichen, wahrscheinlich mit der letzten Lieferung von 30 Pyjamas. Das Ergebnis war eine Goldfischbrut von nicht weniger als 50 Exemplaren. Ich spülte sie die Toilette hinunter. Wollte ich Goldfische züchten? Ich wollte Pyjamas. Nur Pyjamas. Viele Pyjamas.

Dann erschütterte ein heftiger Schock die Welt der Fischzucht. Stockler war auf eine Bananenschale getreten und hatte sich ein Bein gebrochen.

Ich besuchte ihn an einem der nächsten Abende. Als ich seine von neugeborenen Pyjamas überquellende Wohnung sah, verlor ich den letzten Rest meiner Selbstbeherrschung und fiel auf die Knie.

»Stockler«, schluchzte ich. »Lieber, lieber Stockler. Es muss da irgendein Geheimnis geben, ein altes Ritual, das vielleicht schon den Drusen bekannt war und das auch Sie und Masalgowitsch kennen. Aber Sie verbergen es vor mir. Warum sollten Sie auch etwas preisgeben, was Sie in langen Jahren aufreibender Forschungsarbeit entdeckt haben. Trotzdem bitte ich Sie, Stockler: Sagen Sie's mir. Haben Sie Erbarmen. Was ist es? Was muss man tun, damit sich die Pyjamas vermehren? Erlösen Sie mich um Gottes willen, Stockler!«

Stockler sah mich lange an. Es fiel ihm schwer, seine innere Erregung zu meistern. Endlich sagte er:

»Gehen Sie nach Hause und lösen Sie die Schale einer halbverfaulten Banane in Benzin auf. Lassen Sie die Flüssigkeit verdampfen, warten Sie, bis der Rückstand getrocknet ist und pulverisieren Sie ihn. Eineinhalb gehäufte Teelöffel auf zwei Liter Wasser ...«

Wie von Furien gejagt sauste ich nach Hause – nein, zuerst zu Masalgowitsch. Die Rolläden vor seinem Laden waren bereits heruntergelassen. Ich stürzte zur Hintertür. Sie war geschlossen. Durch das Guckloch sah ich Masalgowitsch im Zwielicht eines Ladenwinkels stehen. Er griff gerade in eine große Kiste mit der Aufschrift »Made in Germany«. Was er aus der Kiste hervorzog, waren kleine Nylonsäckchen. Und was in den kleinen Nylonsäckchen wimmelte, waren lauter kleine Pyjamas.

Mit einem heiseren Aufschrei warf ich mich gegen die Tür. Sie barst. Schreckensbleich starrte mich Masalgowitsch an.

»Ich ... ich kann nichts dafür«, stammelte er. »Wer weiß denn schon, wie sich diese verdammten Viecher vermehren ... Aber in Hamburg gibt es ein Versandhaus, das liefert in die ganze Welt. Auch an mich. Erst gestern hat Herr Stockler 250 Fingerlinge bei mir gekauft. Wenn Sie wollen, können Sie mir einen Wechsel geben, so wie er. Ich sag's keinem Menschen …«

Das also war das Ritual der alten Drusen. Das war Stocklers Geheimnis. Vermehrung durch die Post.

»Was kostet die ganze Kiste?«, fragte ich.

Wenige Tage später besuchte mich Stockler. Ich fiel ihm um den Hals. Freudentränen glänzten in meinen Augen.

»Ich danke Ihnen, mein Freund. Ich danke Ihnen aus tiefstem Herzen. Die Bananen-Benzin-Mischung hat Wunder gewirkt!«

Stockler war sprachlos. Sein Blick wanderte langsam über die sechzehn Aquarien, die alle Ecken meines Zimmers füllten und in denen sich Unmengen munterer Pyjamas tummelten. Plötzlich begannen seine Augenbälle wild zu rollen, wie das unmittelbar vor Ausbruch eines Tobsuchtsanfalls üblich ist. Dann, mit einem unartikulierten Aufwimmern, stürzte er davon.

Gestern traf ich ihn bei Masalgowitsch. Er übersah meinen Gruß. Mich ließ das gleichgültig. Einen erfahrenen Fischzüchter wie mich kann man nicht so schnell beleidigen. Mit demonstrativer Selbstverständlichkeit kaufte ich sieben Behälter und verließ den Laden mit dem festen Schritt eines Fachmanns, der ganz genau weiß, wie man Fische kauft und Aquarien züchtet.

Les Parents terribles

Als wir uns nach langen und reiflichen Überlegungen zu einer Erholungsreise entschlossen hatten, meine Frau und ich, machten wir uns an die Ausarbeitung eines detaillierten Plans. Alles klappte, nur ein einziges Problem blieb offen: Was werden die Kinder sagen? Nun, Rafi ist schon ein großer Junge, mit dem man vernünftig reden kann. Er begreift, dass Mami und Papi vom König der Schweiz eingeladen wurden und dass man einem König nicht nein sagen darf, sonst wird er wütend. Das wäre also in Ordnung. Aber was machen wir mit Amir? Amir zählt knapp zweieinhalb Jahre, und in diesem Alter ist das Kleinkind bekanntlich am heftigsten an seine Eltern attachiert. Wir wissen von Fällen, in denen verantwortungslose Eltern ihr Kind für zwei Wochen allein ließen – und das arme Wurm trug eine Unzahl von Komplexen davon, die schließlich zu seinem völligen Versagen im Geografieunterricht führten. Ein kleines Mädchen in Natanja soll auf diese Art sogar zur Linkshänderin geworden sein.

Ich besprach das Problem beim Mittagessen mit meiner Frau, der besten Ehefrau von allen. Aber als wir die ersten französischen Vokabeln wechselten, legte sich über das Antlitz unseres jüngsten Sohnes ein Ausdruck unbeschreiblicher, herzzerreißender Trauer. Aus großen Augen sah er uns an und fragte mit schwacher Stimme: »Walum? Walum?«

Das Kind hatte etwas gemerkt, kein Zweifel. Das Kind war aus dem inneren Gleichgewicht geraten. Er hängt sehr an uns, der kleine Amir, ja, das tut er.

Ein kurzer Austausch stummer Blicke genügte meiner Frau und mir, um den Plan einer Auslandsreise sofort aufzugeben. Es gibt eine Menge Ausland, aber es gibt nur einen Amir. Wir fahren nicht, und damit gut. Wozu auch? Wie könnte uns Paris gefallen, wenn wir ununterbrochen daran denken müssten, dass Amir inzwischen zu Hause sitzt und mit der linken Hand zu schreiben beginnt? Man hält sich Kinder nicht zum Vergnügen, wie Blumen oder Zebras. Kinder zu haben, ist eine Berufung, eine heilige Pflicht, ein Lebensinhalt. Wenn man seinen Kindern keine Opfer bringen kann, dann lässt man besser alles bleiben und geht auf eine Erholungsreise.

Das war genau unser Fall. Wir hatten uns sehr auf diese Erholungsreise gefreut, wir brauchten sie, physisch und geistig, und es wäre uns sehr schwergefallen, auf sie zu verzichten. Wir wollten ins Ausland fahren.

Aber was tun wir mit Amir, dem traurigen, dem großäugigen Amir?

Wir berieten uns mit Frau Golda Arje, unserer Nachbarin. Ihr Mann ist Verkehrspilot, und sie bekommt zweimal im Jahr Freiflugtickets. Wenn wir sie richtig verstanden haben, bringt sie ihren Kindern die Nachricht jeweils stufenweise bei, beschreibt ihnen die Schönheit der Länder, die sie überfliegen wird, und kommt mit vielen Fotos nach Hause. So nimmt das Kind an der Freude der Eltern teil, ja es hat beinahe das

Gefühl, die Reise miterlebt zu haben. Ein klein wenig Behutsamkeit und Verständnis, mehr braucht's nicht. Noch vor hundert Jahren wären Frau Golda Arjes Kinder, wenn man ihnen gesagt hätte, dass die Mutti nach Amerika geflogen ist, in hysterische Krämpfe verfallen und wären Taschendiebe geworden. Heute, dank der Psychoanalyse und dem internationalen Flugverkehr, finden sie sich mühelos mit dem Unvermeidlichen ab.

Wir setzten uns mit Amir zusammen. Wir wollten offen mit ihm reden, von Mann zu Mann.

»Weißt du, Amirlein«, begann meine Frau, »es gibt so viele tiefe Seen in –«

»Nicht wegfahren!« Amir stieß einen schrillen Schrei aus. »Mami, Papi, nicht wegfahren! Amir nicht allein lassen! Keine Seen! Nicht fahren!«

Tränen strömten über seine zarten Wangen, angstbebend presste sich sein kleiner Kinderkörper gegen meine Knie.

»Wir fahren nicht weg!« Beinahe gleichzeitig sprachen wir beide es aus, gefasst, tröstend, endgültig. Die Schönheiten der Schweiz und Italiens zusammengenommen rechtfertigen keine kleinste Träne in unseres Lieblings blauen Augen. Sein Lächeln beglückt uns mehr als jedes Alpenglühen. Wir bleiben zu Hause. Wenn das Kind etwas älter ist, sechzehn oder zwanzig wird man weitersehen. Damit schien das Problem gelöst.

Leider trat eine unvorhergesehene Komplikation auf: Am nächsten Morgen beschlossen wir, trotzdem zu fahren. Wir lieben unseren Sohn Amir, wir lieben ihn über alles, aber wir lieben auch Auslandsreisen sehr. Wir werden uns von dem kleinen Unhold nicht um jedes Vergnügen bringen lassen.

In unserem Bekanntenkreis gibt es eine geschulte Kinderpsychologin. An sie wandten wir uns und legten ihr die delikate Situation genau auseinander.

»Ihr habt einen schweren Fehler gemacht«, bekamen wir zu hören. »Man darf ein Kind nicht anlügen, sonst trägt es seelischen Schaden davon. Ihr müsst ihm die Wahrheit sagen. Und unter gar keinen Umständen dürft ihr heimlich die Koffer packen. Im Gegenteil, der Kleine muss euch dabei zuschauen. Er darf nicht das Gefühl haben, dass ihr ihm davonlaufen wollt.«

Zu Hause angekommen, holten wir die beiden großen Koffer vom Dachboden, klappten sie auf und riefen Amir ins Zimmer.

»Amir«, sagte ich geradeheraus und mit klarer, kräftiger Stimme, »Mami und Papi –«

»Nicht wegfahren!«, brüllte Amir. »Amir liebt Mami und Papi! Amir nicht ohne Mami und Papi lassen! Nicht wegfahren!«

Das Kind war ein einziges, großes Zittern. Seine Augen schwammen in Tränen, seine Nase tropfte, seine Arme flatterten in hilflosem Schrecken durch die Luft. Er stand unmittelbar vor einem nie wieder gutzumachenden Schock, der kleine Amir. Nein, das durfte nicht geschehen. Wir nahmen ihn in die Arme, wir herzten und kosten ihn. »Mami und Papi fahren nicht weg … warum glaubt Amir, dass Mami und Papi wegfahren … Mami und Papi haben Koffer geholt und nachgeschaut, ob Spielzeug für Amir drin ist … Mami und Papi bleiben zu Hause … immer … ganzes Leben … nie wegfahren … immer nur Amir … nichts als Amir … Europa pfui …«

Aber diesmal war Amirs seelische Erschütterung schon zu groß. Immer wieder klammerte er sich an mich, in jedem neuen Aufschluchzen lag der Weltschmerz von Generationen. Wir selbst waren nahe daran, in Tränen auszubrechen. Was hatten wir da angerichtet, um Himmels willen? Was ist in uns gefahren, dass wir diese kleine, zarte Kinderseele so brutal verwunden konnten?

»Steh nicht herum wie ein Idiot!«, ermahnte mich meine Frau. »Bring ihm einen Kaugummi!«

Amirs Schluchzen brach so übergangslos ab, dass man beinahe die Bremsen knirschen hörte.

»Kaugummi? Papi blingt Amir Kaugummi aus Eulopa?«

»Ja, mein Liebling, ja natürlich. Kaugummi. Viel, viel Kaugummi. Mit Streifen.«

Das Kind weint nicht mehr. Das Kind strahlt übers ganze Gesicht.

»Kaugummi mit Stleifen, Kaugummi mit Stleifen! Papi Amir Kaugummi aus Eulopa holen! Papi wegfahren! Papi schnell wegfahren! Viel Kaugummi für Amir!«

Das Kind hüpft durchs Zimmer, das Kind klatscht in die Hände, das Kind ist ein Sinnbild der Lebensfreude und des Glücks.

»Papi wegfahren! Mami wegfahren! Beide wegfahren! Schnell, schnell! Walum Papi noch hier! Walum ...«

Und jetzt stürzten ihm wieder die Tränen aus den Augen, sein kleiner Körper bebte, seine Hände krampften sich am Koffergriff fest, mit seinen schwachen Kräften wollte er den Koffer zu mir heranziehen.

»Wir fahren ja, Amir, kleiner Liebling«, beruhigte ich ihn. »Wir fahren sehr bald.«

»Nicht bald! Jetzt gleich! Mami und Papi jetzt gleich wegfahren!«

Das war der Grund, warum wir unsere Abreise ein wenig vorverlegen mussten.

Die letzten Tage waren recht mühsam. Der Kleine gab uns allerlei zu schaffen. In der Nacht weckte er uns durchschnittlich dreimal aus dem Schlaf, um uns zu fragen, warum wir noch hier wären und wann wir endlich fahren. Er hängt sehr an uns Klein-Amir, sehr. Wir werden ihm viele gestreifte Päckchen Kaugummi mitbringen. Auch die Kinderpsychologin bekommt ein paar Päckchen.

Kurz vor der Ankunft in Haifa war uns seltsam unbehaglich zumute. Etwas lag in der Luft. Wir hätten nicht zu sagen vermocht, was es war – aber es lag.

»Der Schornstein gefällt mir nicht«, murmelte die beste Ehefrau von allen. Ich schwieg.

»Und dieses merkwürdige Stampfen«, äußerte sie einige Minuten später.

Auch mir schien etwas an dem Geräusch nicht ganz geheuer. Um die Nervosität meiner Frau nicht noch zu steigern, blieb ich bei meinem Schweigen und betete stumm in mich hinein.

Was war das nur. Was um des Himmels willen …

»Ich hab's!«, rief meine Frau plötzlich aus. »Der gestreifte Kaugummi! Wir haben den Kaugummi vergessen!«

Bleicher Schrecken durchfuhr mich. Ich versuchte das verzweifelte Bündel Mensch neben mir zu trösten.

»Vielleicht«, stotterte ich, »vielleicht erinnert sich Amir nicht mehr …«

Aber ich glaubte selbst nicht daran.

Ich lief in die Schiffskantine, um Kaugummi zu kaufen. Es gab keinen. Das Kaugummi-Ähnlichste, was man uns anbot, war eine zwei Meter große Stoffgiraffe. Wir nahmen sie, und dazu noch eine Miniaturplastik der Akropolis, eine Puppe in griechischem Schottenrock sowie ein Ölgemälde der Jungfrau mit dem Kinde.

Zwei Stunden später waren wir zu Hause.

Als wir von fern die beiden kleinen Knaben erspähten, die uns und unserem Gepäck erwartungsvoll entgegenblickten, begannen unsere Herzen wild zu klopfen. Mit Rafi würde es keine Schwierigkeiten geben, er war jetzt schon alt genug, er war ein vernünftiges Kind, außerdem hatten wir ihm sicherheitshalber einen Helikopter aus Schokolade und ein Luftdruckgewehr gekauft, ganz zu schweigen von der elektrischen Eisenbahn und dem gefütterten Wintermantel (der eigentlich nicht zählte). Der Billardtisch und das Motorboot würden nachkommen. Nein, um Rafi brauchten wir uns nicht zu sorgen. Aber wie stand es mit Amir?

Wir hoben ihn hoch, wir herzten ihn, wir setzten ihn behutsam wieder zu Boden. Und während ihm seine Mutter vorsorglich über die Locken strich, fragte sein Vater: »Na! Haben wir die Stoffgiraffe mitgebracht oder nicht?«

Amir gab keine Antwort. Er sah zuerst die Giraffe an und dann seine Eltern, mit dem gleichen leeren Blick, als wären wir ihm völlig aus dem Gedächtnis entschwunden. Für ein kleines Kind sind drei Wochen eine sehr lange Zeit. Vielleicht erkannte er uns nicht. Und von Menschen, die man nicht kennt, wird man wohl schwerlich gestreiften Kaugummi erwarten können.

Im Auto saß er stumm auf den Knien seiner Großmutter und starrte vor sich hin. Erst als die Stadt Tel Aviv in Sicht kam, glomm in seinen Augen ein erstes Anzeichen von Familienzugehörigkeit auf.

»Wo ist Kaugummi?«, fragte er.

Ich brachte kein Wort hervor. Auch die beste Ehefrau von allen beschränkte sich auf ein unartikuliertes Seufzen, das nur langsam die Gestalt halbwegs zusammenhängender Worte annahm:

»Der Onkel Doktor ... weißt du, Amirlein ... der Onkel Doktor sagt, gestreifter Kaugummi ist schlecht fürs Bauchi ... ungesund, weißt du ...«

Amirs Antwort erfolgte so plötzlich und in so übergangsloser Lautstärke, dass der Fahrer den Wagen verriss.

»Onkel Doktor blöd, Onkel Doktor ekelhaft!«, brüllte er. »Papi und Mami pfui. Amir will Kaugummi haben. Gestreiften Kaugummi.«

Jetzt mischte sich die liebe Oma ein. »Wirklich, warum habt ihr ihm keinen Kaugummi mitgebracht?«

Das veranlasste Amir, noch höhere Lautstärke aufzudrehen. In solchen Augenblicken ist er gar nicht so hübsch wie sonst. Seine Nase läuft purpurrot an, und rote Haare hat er ja sowieso.

Auch die zu Hause ergriffenen Gegenmaßnahmen fruchteten nichts. Wir setzten die elektrische Eisenbahn in Betrieb, verschiedenfarbige Luftballons stiegen zur Decke, die beste Ehefrau von allen blies auf einer römischen Trompete, ich selbst schlug ein paar Purzelbäume und bediente dabei die griechische Trommel. Amir sah mir so lange reglos zu, bis ich aufhörte.

»Na, Amir, mein Sohn? Womit werden wir denn die Giraffe füttern?«, fragte ich.

»Mit Kaugummi«, antwortete Amir, mein Sohn. »Mit gestleiftem Kaugummi.«

Man musste die Sache anders angehen, man musste dem Kind die Wahrheit sagen, man musste ihm gestehen, dass wir den Kaugummi vergessen hatten, ganz einfach vergessen. »Papi hatte auf dieser Reise sehr viel zu tun, Amir, und hatte keine Zeit, Kaugummi zu kaufen«, begann ich.

Amirs Gesicht verfärbte sich blau, und auch das ist kein schöner Anblick: ein blaues Gesicht unter roten Haaren. Ich wandte mich ein wenig seitwärts.

»Aber der König der Schweiz hat mir fünf Kilo Kaugummi für dich mitgegeben. Sie stehen im Keller. Gestreifter Kaugummi für Amir in einem gestreiften Karton. Aber du darfst nicht hinuntergehen, hörst du? Sonst kommen die Krokodile und fressen dich. Krokodile sind ganz verrückt nach Kaugummi. Wenn sie erfahren, dass im Keller so viel Kaugummi für Amir liegt, fliegen sie sofort los – moderne Krokodile haben Propeller, weiß du – und besetzen zuerst den Keller, dann kommen sie ins Kinderzimmer und schnappen nach Amir, haff-haff-haff, und reißen alle Schubladen auf und suchen überall nach Kaugummi. Willst du, dass Krokodile ins Haus kommen?«

»Ja!«, jauchzte Amir. »Gestleifte Klokodile. Wo sind die Klokodile? Wo?«

Mitten ins Scheitern meines pädagogischen Umgehungsmanövers kam die beste Ehefrau von allen aus dem Nachbarhaus zurück, wo sie vergebens um Kaugummi gebettelt hatte. Und die Läden waren bereits geschlossen. Unheilbarer Schaden drohte dem Seelenleben unseres Söhnchens. Wir haben ihm den kostbarsten Besitz entrissen: das Vertrauen zum eigenen Fleisch und Blut. Aus solchem Stoff werden Tragödien gemacht.

»Kaugummi!«, brüllte Amir. »Will gestleiften Kaugummi!«

Großmutti hat den Inhaber des benachbarten Kaufladens aus dem Schlaf geweckt, aber der benachbarte Kaufladen führt keinen gestreiften Kaugummi, sondern nur ganz gewöhnlichen. Ich verschwinde mit dem gewöhnlichen Kaugummi in die Küche und mache mich daran, mit Wasserfarben die erforderlichen Streifen aufzumalen. Die beste Ehefrau von allen versucht mir lautstark klarzumachen, wie gefährlich das ist. Rafi hat die griechische Trommel entdeckt und bedient sie unablässig. Die Wasserfarben halten nicht und laufen vom Kaugummi hinunter. Im Nebenzimmer explodiert ein Luftballon mit lautem Knall. Großmutti telefoniert nach dem Doktor. Amir erscheint mit geschwollenen Augen im blauen Gesicht unter den roten Haaren und heult.

»Papi hat Amir Kaugummi versprochen! Kaugummi mit Stleifen!«

Jetzt reicht's mir. Ich weiß nicht, was da so plötzlich in mich gefahren ist – aber im nächsten Augenblick schleudere ich den Kasten mit den Wasserfarben an die Wand, und aus meiner Kehle dringt ein wildes Aufbrüllen.

»Ich habe keinen Kaugummi! Und ich werde auch keinen haben! Zum Teufel mit den verdammten Streifen! Noch ein Wort, du niederträchtiger Balg, und ich breche dir alle Knochen im Leib! Hinaus! Marsch hinaus, bevor ich meine Ruhe verliere!«

Großmutti und ihre Tochter sind in Ohnmacht gefallen. Auch ich fühle mich einem Zusammenbruch nahe. Was ist mir geschehen? Was ist mir eingefallen? Noch nie im Leben habe ich die Stimme gegen mein Kind erhoben. Und gerade jetzt, gerade da wir von einer Reise zurückgekommen sind und ihm die schwerste Enttäuschung seines kleinen Lebens verur-

sacht haben, gerade jetzt werfe ich meine Erziehungs-
grundsätze über den Haufen? Wird der arme kleine
Amir diesen Schock jemals überwinden? Es scheint so.

Amir hat nach dem Kaugummi gegriffen, den ich in
der fühllosen Hand behalten habe, steckt ihn in den
Mund und kaut genießerisch.

»Mh. Schmeckt fein. Guter Kaugummi. Stleifen
pfui.«

Überall ist es schön, aber zu Hause ist es am schöns-
ten. Und in Acapulco.

Ein Sieg der
internationalen Solidarität

Um Mitternacht weckte mich eine Art von Magenschmerzen, die in der Geschichte des menschlichen Magenschmerzes etwas vollkommen Neues waren. Mit letzter Kraft kroch ich zum Telefon und rief Dr. Wasservogel an, der über uns wohnt. Nachdem ich seiner Gattin genau geschildert hatte, auf welche Weise die Schmerzen mich in Stücke zu reißen drohten, sagte sie mir, dass ihr Gatte nicht zu Hause wäre. Ich sollte eine halbe Stunde warten, und falls die Schmerzen dann noch nicht aufgehört hätten, sollte ich Dr. Blaumilch anrufen. Ich befolgte ihren Rat, wartete ein halbes Jahrhundert und ließ vor meinem geistigen Auge die wichtigsten Phasen meiner Vergangenheit vorüberziehen: die traurige Kindheit, die schöpferischen Jahre in den Zwangsarbeitslagern und meinen journalistischen Abstieg. Dann rief ich bei Dr. Blaumilch an, von dessen Gattin ich erfuhr, dass er an ungeraden Tagen nicht ordiniere und dass ich Dr. Grünbutter anrufen sollte. Ich rief Dr. Grünbutter an. Frau Dr. Grünbutter hob den Hörer ab und legte ihn am Fußende des Ehebettes zur Ruhe.

Als ich von der dritten Klettertour über die Wände meiner Wohnung herunterkam, machte ich mein Testament, bestimmte eine Stiftung von 250 Pfund für die Errichtung eines Auditoriums auf meinen Namen, nahm Abschied von der Welt und schloss die Augen. Plötzlich fiel mir ein, dass Jankel, der Sohn unserer Nachbarfamilie, ein begeisterter Amateurfunker war.

Um es kurz zu machen: Jankel funkte eine Kurzwellennachricht an den Flughafen Lydda. Ein Düsenflugzeug der El-Al startete mit der SOS-Meldung nach Zypern, wo der Pilot von einem Boten des israelischen Konsulats erwartet wurde, der sich umgehend per Motorrad nach Luxemburg auf den Weg machte und von dort eine Fünfhundert-Worte-Botschaft an Winston Churchill drahtete. Der frühere britische Regierungschef stellte dem Londoner Korrespondenten von Radio Israel seinen eigenen Hubschrauber zur Verfügung, worauf der Korrespondent sofort nach Kopenhagen flog und einen dramatischen Rundfunkappell an die Weltöffentlichkeit richtete. Die Dachorganisation der kanadischen Judenschaft reagierte unverzüglich durch Verschiffung eines Ambulanzwagens nach Holland.

Unter persönlicher Leitung des Polizeichefs von Rotterdam wurde der Wagen im Eiltempo quer durch Europa dirigiert, sammelte unterwegs siebenunddreißig berühmte Internisten und Chirurgen ein und kam mit einem Bomber der amerikanischen Luftwaffe in Israel an.

Auf dem Weg nach Tel Aviv wurde die Abordnung durch die Teilnehmer des in Nathania tagenden Ärztekongresses verstärkt, sodass im Morgengrauen eine Gesamtsumme von hundertacht hochklassigen Medizinern vor meinem Haus abgeladen wurde. Das Geräusch der Busse und der übrige Lärm weckte Dr. Wasservogel, der aufgeregt die Stiegen herunterlief und fragte, was los wäre.

Ich nutzte die Gelegenheit, ihn zu fragen, was ich gegen meine Magenschmerzen machen sollte. Er empfahl mir, mich ins Bett zu legen und Diät zu halten.

So wurde mein Leben durch die auf Kurzwellen gestützte Solidarität der Welt gerettet. Aber beim nächsten Mal werde ich nicht lange nach einem Arzt suchen. Ich setze mich direkt mit Königin Elisabeth in Verbindung, damit keine Zeit verloren geht.

Rettungsloses Schweigen

Wir tranken gemächlich unseren Mokka und sprachen kein Wort über die traurige Wirtschaftslage unseres Staates Israel. Das tun wir nämlich besonders gerne, Jossele und ich: im Kaffeehaus sitzen, Mokka trinken und nicht über unsere traurige Wirtschaftslage sprechen. Im Lokal befand sich außer uns nur noch Gusti, der Inhaber, der in seinem Korbsessel vor sich hin schnarchte, die Zeitung auf dem Schoß. Es war ein ruhiger, friedlicher Abend in diesem sonst so unruhigen Winkel des Nahen Ostens.

»Ich liebe die Ruhe«, ließ sich Jossele mit sanfter Stimme vernehmen. »Sie geht mir über alles. Bist du heute Abend bei Weinrebs eingeladen?«

»Leider«, antwortete ich. »Warum?«

Die Weinrebs gehören zu unseren geistig anspruchsvollen Freunden. Man findet bei ihnen immer einige namhafte Kulturträger und andere Vertreter der hochgestochenen Crème de la Crème, also lauter überwältigend langweilige Zeitgenossen.

»Heute«, sagte Jossele, »werden wir ihnen einen Abend ohne Retter bescheren.«

Als wir bei Weinrebs ankamen, war bereits ein halbes Dutzend Crème-Repräsentanten versammelt, darunter der bedeutende Privatgelehrte Benzion Ziegler, der schwatzhafte Ingenieur Glick und diese kulleräugige Dichterin, von der jetzt alle sprechen.

Jossele nahm den Gastgeber beiseite. »Wer ist heute als Retter vorgesehen?«

»Wie bitte?« Weinreb glotzte verständnislos.

»Ich will Ihnen erklären, was ich meine«, hob Jossele an. »Sie haben gewiss schon bemerkt, dass bei einem Beisammensein wie dem heutigen in einem bestimmten Augenblick allgemeines Schweigen eintritt, weil zu dem soeben behandelten Thema nichts mehr zu sagen ist. Die plötzlich entstandene Stille wird immer peinlicher, bis einer der Anwesenden, der die schwächsten Nerven hat, sie nicht länger ertragen kann. Statt zu warten, bis das Gespräch von selbst wieder in Gang kommt, gibt er irgendeine läppische Phrase von sich, etwa ›Na ja, so ist das eben!‹ oder ›Das Leben geht weiter‹ oder dergleichen. Verstehen Sie jetzt? Und dieser Mann, der sich dadurch als das schwächste Glied in der gesellschaftlichen Kette entlarvt, ist Ihr Retter.«

»Wie wahr«, nickte Weinreb. »So klar habe ich das noch nie gesehen. Ich werde mich danach richten.«

Jossele zwinkerte mir zu und machte sich an Ingenieur Glick heran, um ihm unter vier Augen das Rettungssyndrom zu erklären. Als Nächster kam Ziegler an die Reihe, und so ging es weiter. Nach zehn Minuten hatte Jossele sämtliche Anwesenden ins Vertrauen gezogen, einen nach dem andern. Wir zogen uns in eine Ecke zurück und warteten.

Das fällige Schweigen entstand, nachdem der prominente Politologe die schicksalsschweren Worte geäußert hatte: »Meiner Meinung nach wird es nächstes Jahr noch schlimmer werden.«

Da ihm niemand das Gegenteil beweisen konnte, trat allgemeine Stille ein. Die kulleräugige Dichterin öffnete den Mund, besann sich jedoch rechtzeitig auf Josseles Theorie und presste die Lippen zusammen. Auch aus den Gesichtern der anderen Gäste sprach grimmige Entschlossenheit, nicht als Retter des Abends zu fungieren.

Die Sekunden schlichen dahin. Jossele gab mir mittels Mienenspiel zu verstehen, dass ihn der Erfolg seines Tests befriedigte. Die Adern von Weinrebs Schläfen schwollen an, aber er schwieg.

Eine Minute war vergangen. Eine kleine Ewigkeit. Benzion Ziegler atmete schwer, Glick sog krampfhaft an seiner Pfeife, die Augen der Kulleräugigen kullerten. Eine Minute und vierzig Sekunden. Als der berühmte Rechtsanwalt sich räusperte, blickten alle zu ihm und mussten sich enttäuscht wieder abwenden, denn es blieb beim Räuspern. Auf vielen Stirnen erschienen Schweißtropfen.

Drei Minuten. Weinreb, der einem Zusammenbruch nahe war, erholte sich und rettete nicht. Viereinhalb Minuten dumpfes Schweigen. Ich möchte so etwas kein zweites Mal erleben. Fünf Minuten. Mir wurde schwindlig. Ich wankte. Jossele sah es und machte mir ein Zeichen. Auf Zehenspitzen schlichen wir hinaus. Seither haben wir keinen von Weinrebs Gästen wiedergesehen. Wäre es denkbar ... dass sie ... noch immer...

Sequenz und Konsequenz

Der Morgen dämmerte, als ich durch ein sonderbares Geräusch geweckt wurde. Ich sprang aus dem Bett. Auf dem Balkon stand im Pyjama mein Wohnungsnachbar aus dem oberen Stockwerk, Morris Kalaniot, und hämmerte verzweifelt gegen die Glastür.

»Hilfe«, stöhnte er. »Verstecken Sie mich!«

»Was ist los?«, fragte ich, während ich ihn einließ.

»Ich bin in einer Sequenz …«

Der Mann zitterte am ganzen Körper, zog sein linkes Bein nach und bot überhaupt einen jammervollen Anblick. Wenn seine Augen sich nicht gerade in konvulsivischen Zuckungen schlossen, waren sie angstvoll geweitet und starrten zur Decke. Dort oben lag seine Wohnung, die er fluchtartig verlassen hatte, um zu mir herunterzuklettern. Ich drehte den Wasserhahn auf, ließ das Wasser einige Minuten laufen und gab meinem verstörten Besucher ein Glas zu trinken. Unter der Einwirkung der lauwarmen Flüssigkeit beruhigte er sich allmählich. Dann begann er seine vermeintlich aufregende Geschichte zu erzählen. In Wahrheit ist es die Geschichte einer ganz normalen Filmkarriere.

An jenem schicksalsschweren Abend, so begann er, war ich etwas länger im Büro geblieben, weil ich auf Wunsch meines sehr strengen Chefs ein paar Rechnungen neu ausschreiben musste. Gegen neun Uhr machte ich mich zu Fuß auf den Heimweg. Vor einem

nahe gelegenen Eckhaus sah ich eine große Men-
schenansammlung, Scheinwerfer strahlten auf, Krane
mit Mikrophonen schwenkten hin und her, aufge-
regte Rufe wurden von völliger Stille abgelöst – mit
einem Wort: Es wurde ein israelischer Film gedreht.
Die Kamera war auf den Hauseingang gerichtet, aber
weiter konnte man nichts sehen. Zwei massige, halb-
nackte Gestalten, die wie japanische Sumoringer aussahen, stießen jeden Herankommenden erbarmungs-
los zurück. Der junge Mann mit dem schreiend
bunten Hemd, der neben der Kamera stand, musste
der Regisseur sein, denn er schrie am lautesten von
allen. Dann erkannte ich den berühmten Schauspieler
Schlomo Emanueli. Er saß in einem Klappsessel mit
Armlehne.

Plötzlich ließ der Regisseur seine unter der Schirm-
kappe flackernden Blicke in die Runde schweifen und
brüllte: »Verdammt, ich brauche noch irgendein Idio-
tengesicht für den Hintergrund!«

Wenn ein Regisseur brüllt, beginnen seine sämtli-
chen Helfer sofort durcheinander zu rennen. Sonst
tun sie nicht viel, aber im Durcheinanderrennen sind
sie groß. Einer von ihnen rannte jetzt auf die Zu-
schauermenge los.

»Wer von euch will in dieser Sequenz mitwirken,
Leute?«

Die Menge drängte mit wildem Aufschrei vorwärts.
Ich wurde gegen meinen Willen mitgerissen. Und da
war das Auge des Assistenten auch schon auf mich gefallen.

»Heda, Sie! Sie sind der Richtige! Es dauert nur ein paar Minuten. Kommen Sie!«

Ich habe noch nie in einem Film mitgewirkt und dachte immer, das sei so ähnlich wie im Theater: Der Film wird auf einen Sitz heruntergedreht, in zwei oder drei Stunden, und Schluss. Wie kompliziert es in Wirklichkeit dabei zugeht, ahnte ich nicht. Nun, so sagte ich mir, es kann nicht schaden, in einem Film mitzuwirken. Meiner Frau erzähle ich nichts davon – und eines Tages sieht sie mich plötzlich auf der Leinwand. Zur Sicherheit fragte ich den Assistenten, ob ich mein Äußeres irgendwie verändern müsse, vielleicht eine neue Frisur, einen Schnurrbart oder so. Aber da schrie der Regisseur schon auf mich ein, ich sollte gefälligst den Mund halten und stehenbleiben, wo man mich hinstellt. Im Übrigen war meine Rolle ganz einfach: Ich hatte wie zufällig im Haustor zu stehen, während Schlomo Emanueli herausgestürzt kam und »Taxi! Taxi!«, rief.

Natürlich beneideten mich alle, dass ich die Rolle bekommen hatte, aber ich konnte ihnen nicht helfen. Jeder Mensch muss seine Chance selbst wahrnehmen, nicht wahr. Die beiden Sumoringer, die aus der Nähe nicht wie Japaner aussahen, sondern mehr wie Gorillas, hoben mich auf und setzten mich in einen Kreidekreis unter dem Haustor ab. genau innerhalb dieses Kreises musste ich stehenbleiben, so verlangte es das Drehbuch, denn Schlomo Emanueli musste mir zugleich mit seinem »Taxi, Taxi!«-Ruf auf die Füße steigen. Es tat ein bisschen weh, aber wer würde der Kunst nicht ein kleines Opfer bringen. Nach fünf schmerzhaften Proben war es soweit. Der Regisseur rief »Fertig«, seine Assistenten riefen durcheinander »Ruhe«, »Achtung«, »Schießen« oder »Klappe«, dicht vor meiner Nase wurde ein Holzbrett auf eine schwarze Tafel geklappt, und die Aufnahme begann. Mittendrin brüllte der Regisseur plötzlich »Schnitt« und winkte einem seiner Assistenten.

»Sagen Sie diesem Idioten« – damit meinte er mich –, »er soll nicht immer in die Kamera glotzen!«

»Es hat mich, bitte schön, niemand darauf aufmerksam gemacht, dass das verboten ist«, bemerkte ich zaghaft.

Der Assistent fragte: »Soll ich ihn hinauswerfen, Boss?«

»Ist ja egal«, fauchte der Regisseur. »Der Nächste wäre genauso ein Idiot. Es gibt ja nur Idioten.«

Dann wurde die Aufnahme nochmals von Anfang an gedreht, und dann wollte ich nach Hause gehen, weil mir heiß war. Das ganze Leben sehnt man sich danach, einmal im Licht der Jupiterlampen zu stehen, und wenn man's dann endlich erreicht hat, schwitzt man den Kragen durch. Leider war es mit dem Weggehen Essig. Jede Aufnahme wird, was ich nicht wusste, mindestens zwanzigmal gedreht, bevor der Regisseur zufrieden ist und sie »in den Kasten« schickt, wie wir Filmleute sagen. Nun, das wäre noch nicht das Schlimmste gewesen. Aber da gab es einen jungen Mann mit Brille und Schreibblock, das sogenannte »Scriptgirl«, dessen Aufgabe darin besteht, auf alle Äußerlichkeiten scharf aufzupassen, damit sie sich während der Aufnahme nicht verändern. Infolgedessen durfte ich nicht einmal von einem Fuß auf den anderen steigen. Schlomo Emanueli trat mir neunmal aufs linke Hühnerauge, und jedesmal rief ich: »Oj!« Ja, beim Film herrscht eiserne Disziplin. Zum Beispiel versuchte ein Mann während der Aufnahme verzweifelt, in das Haus zu gelangen – fragen Sie nicht, was er da vom Regisseur zu hören bekam! »Zur Hölle mit Ihnen, Sie hinkender Krüppel! Sie sehen doch, dass wir hier drehen!« Der Mann behauptete, er wohne hier und möchte zu Bett gehen. »Nehmen Sie sich ein Hotelzimmer!«, brüllte der Regisseur. »Und stören Sie uns nicht!« Gegen halb drei Uhr früh wurde ich entlassen. Offenbar war ich nicht schlecht, denn einer der Assistenten notierte meine Adresse und ließ mich überdies von einem Stück Käse abbeißen, das er auf der Treppe gefunden hatte. Meine Frau, die mich ein wenig nervös empfing, meinte allerdings, ich hätte mich neppen lassen, und für eine Filmrolle bekäme man mindestens tausend Dollar. Ich gab ihr zu bedenken, dass ich ja schließlich noch kein Star wäre.

Sie kamen gleich am Morgen. Schon um sechs filmte ich wieder. Um fünf hatte es an meiner Wohnungstür geläutet, eines dieser langen Klingelsignale, denen man anmerkt, dass der Finger am Druckknopf bleibt. Als meine Frau endlich öffnete, drangen die beiden Sumoringer wortlos ins Schlafzimmer ein, der eine packte mich, der andere raffte meine Kleidungsstücke zusammen, und gleich darauf saßen wir in einem wartenden Taxi. »Der Regisseur braucht Sie noch einmal«, sagten sie mir. Ich zog mich während der Fahrt an, was nicht ganz leicht war, denn wir fuhren in einem Höllentempo. Sie wissen ja, dass beim Film jede Minute Geld kostet. Eine einstündige Drehzeit verschlingt mindestens 20 000 Pfund, das macht pro Minute 333,33 Pfund und pro Sekunde 5,55. Wenn der Regisseur während der Aufnahme zweimal niest, so ist das ein Verlust, der ungefähr meinem halben Monatseinkommen entspricht.

Beim Aussteigen sagte ich dem Regisseur sofort, dass ich in Eile sei und nicht zu spät ins Büro kommen dürfe.

»Was heißt das: Sie sind in Eile?«, brüllte er mich an. »Sie sind in einer Sequenz, und sonst interessiert mich nichts.«

Damals habe ich das Wort zum ersten Mal gehört. Sequenz! Es bedeutet, dass man von dem Augenblick an, da man in einer Aufnahme drin ist, immer in dieser Aufnahme drin bleiben muss, sonst ist die Sequenz unterbrochen und der Film kann nicht geschnitten werden. Sie verstehen? Meine Szene, zum Beispiel. Ich stehe im Hintergrund, wenn Schlomo Emanueli nach einem Taxi ruft und mir dabei auf die Hühneraugen steigt. Und ich muss immer wieder im Hintergrund stehen, sonst würden die Zuschauer stutzig werden und sagen: »He, was ist los? Wo ist Morris Kalaniot? Vor einem Augenblick war er noch da und jetzt ist er weg!« Deshalb wurde ich wieder zu den Aufnahmen geholt. Der Regisseur wollte Schlomo Emanueli in einer neuen Einstellung zeigen, von ganz nah, mit mir im Hintergrund, wie immer.

Plötzlich rief der junge Mann mit der Brille und dem Notizblock, also das Scriptgirl: »Halt! Stopp! Schnitt! Aus! Der Kerl hat ja ein anderes Hemd an!!«

Vor lauter Zorn hätte sich der Regisseur beinahe zu Handgreiflichkeiten hinreißen lassen. »Sie Volltrottel«, brüllte er. »Jetzt haben Sie uns zwei Stunden Dreharbeit verpatzt!«

Vergebens beteuerte ich, dass eigentlich die beiden Gorillas schuld wären, weil sie mir nichts davon gesagt hatten, dass ich im selben Hemd kommen müsste wie gestern, und meine Frau versteht ja nichts von Sequenzen, die legt mir am Morgen ein frisches Hemd heraus, und damit hat sich's.

Um diese Zeit war der Regisseur bereis knallrot im Gesicht. »Hemd!«, brüllte er, und seine Stimme überschlug sich. »Sofort Hemd! Selbes Hemd! Sofort!!« Man stieß mich in ein Taxi und brachte mich eilig nach Hause. Der Schmutzwäschekorb wurde umgestülpt, aber das Hemd war schon in der Wäscherei. Glücklicherweise konnten wir es aus der schon angelaufenen Waschmaschine herausziehen. Die beiden Gorillas zwängten mich in das klatschnasse Hemd und stellten mich zum Trocknen vor eine 25 000-Volt-Jupiterlampe. »Wasser«, flehte ich, »Wasser.« Aber sie hatten nur ein hämisches Grinsen für mich.

Vierzehn weitere Aufnahmen folgten. Vierzehnmal rief Schlomo Emanueli »Taxi! Taxi!«, und vierzehnmal trat er mir auf die Hühneraugen. Dann wurde meine linke Gesichtshälfte rasiert, die im Bild zu sehen war. Auch das ist eine Angelegenheit der Sequenz. Da ich am Vortag rasiert war, musste ich auch diesmal rasiert sein.

Um drei Uhr nachmittags war ich endlich im Büro. Meinem Chef erzählte ich, ein Lastwagen hätte mich erfasst und zur Seite geschleudert, worauf er sagte, dass man mir das ansähe. Etwas später schlief ich über meinen Akten ein. Gerade als ich mit dem Schreckensruf »Achtung, Aufnahme!« emporfuhr, kam der Chef herein. Es missfiel ihm.

Am nächsten Morgen gelangte ich ungestört ins Büro und begann, die versäumte Arbeit nachzuholen. Plötzlich hörte ich von draußen einen vertrauten, einen entsetzlich vertrauten Lärm. »He, wo steckt er?« brüllten die Gorillas. »Wir brauchen ihn! Heraus mit dir, Bursche!« Vor den Augen meines Chefs schleppten sie mich ab. An der Tür konnte ich mich noch umdrehen und zurückrufen: »Der Regisseur braucht mich …«, dann saß ich im Taxi und bekam wieder das alte Hemd über den Kopf gezogen, das sie offenbar aus der Wäscherei gestohlen hatten.

»Die Szene wird noch einmal gedreht«, erklärte mir einer der Assistenten. »Wir wollen Ihr schmerzverzerrtes Gesicht in Großaufnahme zeigen und dabei Ihren gequälten Aufschrei hören.«

Die Dreharbeiten begannen. Ich verzerrte mein Gesicht und schrie auf. Wutschnaubend unterbrach der Regisseur: »Das nennen Sie einen Schmerzensschrei? Einen Hammer her! Einen schweren Hammer!«

Die Assistenten rannten durcheinander und brachten das Gewünschte. Da die Kamera bei einer Großaufnahme bekanntlich nur das Gesicht zeigt, blieben meine unteren Körperpartien außerhalb des Bildes, sodass der Assistent genau zielen konnte. Neunmal sauste der Hammer auf die Überrest meiner linken kleinen Zehe, und neunmal erklang mein »Oj!«, ehe das Ergebnis den Regisseur künstlerisch befriedigte. Dann wandte er sich mit verhältnismäßig ruhiger Stimme an mich: »Hinaus«, sagte er. »Hau ab! Marsch!«

Als ich kurz nach der Mittagspause ins Büro zurückkam, erklärte mir mein Chef, dies sie das letzte Mal gewesen, dass er sich ein solches Benehmen gefallen ließe. Vergebens suchte ich ihm auseinanderzusetzen, was eine Sequenz ist und dass man da nicht so einfach ausscheiden kann. Mein Chef ist ein sturer Geschäftsmann ohne jede Beziehung zur Kunst.

Kurz vor vier hörte ich draußen wieder die unheilkündenden schweren Tritte. Ich floh auf die Toilette und verriegelte sie. Die beiden Gorillas brachen die Tür ein und zerrten mich ins Taxi. Auf der Stiege hörte ich noch die Stimme meines Chefs, der mich jeder weiteren Verpflichtung seiner Firma gegenüber enthob. Wie sich zeigte, musste mein Schmerzensschrei noch einmal aufgenommen werden. Gestern waren zu viele Straßengeräusche dazwischengekommen.

Man hielt mir ein Mikrophon vor den Mund, und jedesmal, wenn der Hammer zuschlug, rief ich »Oj«. Ich selbst fand den Ausruf vollkommen natürlich, aber der Regisseur war unzufrieden. Er machte kein Hehl daraus, dass er mich hasste. Ich hütete mich, ihn zu verstimmen, sonst würde er mich vielleicht nie wieder engagieren. Mitten in der elften Aufnahme bekam ich einen Hustenanfall und verhustete ungefähr 200 Pfund in bar. »Diese Missgeburt bringt mich ins Grab!«, stöhnte der Regisseur. »Noch einmal!«

Kurz vor Mitternacht durfte ich gehen. Der Regisseur selbst jagte mich mit einem langen Stecken davon. Meinen Posten und meine linke kleine Zehe hatte ich eingebüßt, aber alles in allem war es doch ein recht hübsches Erlebnis.

Morris Kalaniot hatte geendet. Abermals richtete er den Blick angstvoll zu seiner Wohnung empor.

»Gestern Nacht«, flüsterte er, »habe ich wieder von ihnen geträumt. Dass sie mich holen kämen. Und sie sind wirklich gekommen. ›Er braucht dich noch einmal!‹ brüllten sie schon an der Tür. Eine der Einstellungen – ich weiß nicht, ob von gestern oder vorgestern, mein Zeitgefühl funktioniert nicht mehr richtig –, jedenfalls: Eine der Aufnahmen musste wiederholt werden. Wir Filmleute nennen das Pech. Aber ich wollte nicht mehr. Ich konnte nicht mehr. Ich versteckte mich unterm Bett und schickte meine Frau hinaus. Sie sagte den beiden Gorillas, ich hätte die Anstrengungen nicht ausgehalten und wäre heute Nacht gestorben. ›Macht nichts‹, lautete die Antwort. ›Wir drehen sowieso ohne Ton. Man muss ihn nur im Hintergrund sehen. Dort binden wir ihn schon irgendwie an. Wo ist die Leiche?‹ Als ich das hörte, schwang ich mich aus dem Fenster und ließ mich an der Dachrinne auf Ihren Balkon hinunter. Retten Sie mich! Um Himmels willen, retten Sie mich! Die beiden Gorillas durchsuchen das Haus nach mir!«

Er hielt inne und lauschte in schreckensbleicher Anspannung. Aus dem Stiegenhaus hörte man schwere Schritte, die sich langsam näherten ...

Morris Kalaniot hat sich übrigens niemals im Film gesehen. Seine Szene wurde herausgeschnitten.

Wohin das Hündchen will

Zwinji, ein Wechselbalg aus der mongolischen Steppe, wurde eines frostigen Morgens in meinem damals noch sehr gepflegten Garten von mir entdeckt. Es mochte etwa fünf Uhr sein, eine Zeit, zu der die meisten Menschen noch schlafen – mit Ausnahme der Politiker, die sehr früh aufstehen müssen, sonst dreht sich das Rad der Geschichte nicht weiter.

Um diese trübe Morgenstunde also hörte ich draußen vor dem Fenster ein leises, verzweifeltes Winseln. Ich zog die Vorhänge beiseite und blinzelte mit schlafverhangenen Augen hinaus. In der Mitte meines – ich wiederhole: damals sehr gepflegten – Gartens sah ich ein sehr kleines Hündchen, das mit sehr kleinen Pfötchen den Garten umgrub und mit sehr großem Appetit das umstehende Gras verzehrte. Das Hündchen war nicht nur sehr klein und sehr weiß, es war auch von sehr unbestimmbarer Rasse und völlig außerstande, seine vier Beine miteinander zu koordinieren.

Ich wollte die Vorhänge wieder zuziehen, um mich ins warme Bettchen zurückzubegeben, aber da war die beste Ehefrau von allen schon aufgewacht und fragte:

»Was ist los?«

»Ein Hündchen im Garten«, antwortete ich missmutig.

»Was macht es?«

»Es gräbt.«

»Dann lass es herein.«

Ich öffnete die Tür zum Garten. Das sehr junge Hündchen trottete in unser Schlafzimmer und pinkelte auf den roten Teppich.

An dieser Stelle möchte ich bemerken, dass ich meine Teppiche nur ungern anpinkeln lasse. Deshalb ergriff ich das kleine weiße Bündel und setzte es im Garten wieder ab. Meine stille Hoffnung war, dass Er, der die Vögel des Waldes ernährt, sich auch um die Hündchen des Gartens kümmern würde.

Er kümmerte sich nicht. Vielmehr stimmte das Hündchen ein durchdringendes Jaulen und Jammern an, was zur Folge hatte, dass aus dem Nachbarhaus Frau Kaminski im Morgenrock herbeigeeilt kam. Nun ist Frau Kaminski im Morgenrock kein besonders schöner Anblick, und was sie uns zu sagen hatte, war auch nicht besonders schön. Das änderte sich jedoch, als ihr Blick auf die Ursache des morgendlichen Lärms gefallen war.

Sofort versuchte Frau Kaminski uns zu überzeugen, dass wir die kleine Waise unbedingt adoptieren müssten. Sie wies auf die wenig bekannte Tatsache hin, dass der Hund ein treues Tier sei, und nicht nur treu, sondern auch klug und reinlich. Man könnte, wie Frau Kaminski ruhig sagte, ruhig sagen: Der Hund ist der beste Freund des Menschen, abgesehen vielleicht von der Regierung.

»Wenn das alles so ist, Frau Kaminski«, erlaubte ich mir einzuwerfen, »warum adoptieren Sie den kleinen Hund nicht selbst?«

»Bin ich meschugge?«, replizierte die Hundeliebhaberin. »Als ob ich nicht schon genug Sorgen hätte.«

So kam es, dass wir das sehr kleine, sehr junge Hündchen adoptierten. Der Familienrat beschloss nach lebhafter Debatte zwischen meiner Frau und mir, dem sehr jungen, sehr kleinen Hündchen den Namen Zwinji zu geben, wegen seiner gesprenkelten Ohren oder weil es irgendwie nach mongolischer Steppe klang oder vielleicht aus anderen Gründen, ich erinnere mich nicht mehr.

Zwinji fühlte sich bei uns bald wie zu Hause und stahl sich in unsere Herzen. Er war leicht zu verköstigen, weil er alles fraß, was in seine Reichweite kam, Knöpfe, Spargel, Armbanduhren, alles Mögliche. Auch liebte er es, kleinere Kadaver aus Nachbars Garten in den unseren zu tragen. Er war rührend anhänglich und wedelte mit seinem kurzen Schweifchen vor lauter Freude jedesmal, wenn wir ihn riefen, vorausgesetzt, dass er in unserer Hand eine ungarische Salami sah. In erstaunlich kurzer Zeit hatte ich ihm beigebracht, meinen Befehlen zu gehorchen. Dafür nur einige Beispiele.

»Sitz!« (Zwinji spitzt die Ohren und leckt mein Gesicht.)

»Spring!« (Zwinji kratzt sich den Bauch.)

»Gib's Pfötchen!« (Zwinji rührt sich nicht.)

Ich könnte noch eine ganze Reihe weiterer Beispiele anführen, aber schon aus den bisherigen geht hervor, dass Zwinji kein blödsinnig dressierter, serviler, mechanisch gehorchender Hund war, sondern ein unabhängiges, selbstständig denkendes Lebewesen. Nur schade, dass er immer auf den Teppich pinkelte. Er pinkelte immer, und nur auf den Teppich.

Warum? Ich weiß es nicht. Nach den Erkenntnissen der neueren Tiefenpsychologie wäre anzunehmen, dass diese unglückselige Gewohnheit auf ein traumatisches Kindheitserlebnis zurückginge oder auf etwas noch Früheres.

Vielleicht ist Zwinji in einem Mohnfeld auf die Welt gekommen und muss deshalb pinkeln, sobald er einen roten Teppich sieht, für den ich ein Vermögen gezahlt habe. Im Übrigen bleiben die Ursachen unwesentlich, und die Flecken bleiben Flecken.

Ich wollte mich mit Zwinjis sonderbaren Pinkelgewohnheiten nicht abfinden und begann mein wohldurchdachtes Erziehungswerk.

»Es ist verboten, auf den Teppich zu pinkeln«, sagte ich ihm langsam und deutlich, mit erhobenem Finger. »Verboten, hörst du? Verboten! Pfui!« Und nach jedem Zuwiderhandeln wurde meine Stimme strenger und mein Finger erhobener. Andererseits überschüttete ich ihn mit Lob, Liebkosungen und Leckerbissen, wenn er sein Geschäft einmal irrtümlich im Ziergarten vollzog, der auch damals noch einigermaßen gepflegt aussah und erst nach und nach, unter der Einwirkung von Zwinjis kräftig wachsenden Zähnen, zu verwildern begann.

Wahrscheinlich zog Zwinji aus meinem abwechslungsreichen Verhalten den Schluss, dass diese zweibeinigen, bald wütenden und bald zärtlichen Geschöpfe, mit denen er's zu tun hatte, sehr launenhaft sein müssten. Wer kennt sich mit den Menschen schon aus.

Da Zwinji nicht imstande war, die primitivsten Gesetze der Hygiene zu begreifen, musste ich mir immer neue, immer raffiniertere Erziehungsmaßnahmen einfallen lassen. Als Erstes würde ich ihn daran gewöhnen, nicht auf rote Teppiche zu pinkeln, sondern auf andersfarbige, und dann würde ich ihn aus dem Haus locken, sodass er sein Bedürfnis im Freien verrichten könnte, vorzugsweise in den benachbarten Gärten.

Mit diesem Ziel vor Augen bedeckte ich unseren roten Teppich mit einem grauen und stellte für jedes graue Pipi eine Bratwurst als Prämie bereit.

Nach etwa zwei Wochen, in denen Zwinji sich an den grauen Teppich gewöhnt hatte, legte ich den roten wieder aus. Zwinji, der sich gerade im Garten befand, kam freudig bellend herbeigesaust und pinkelte auf den roten Teppich. Hunde sind bekanntlich treu.

Natürlich war mein Vorrat an Pädagogik noch lange nicht erschöpft.

Ich beschloss, in Zwinjis Herzen die Liebe zur Natur zu wecken, kaufte eine lange, grüne Leine und ging mit ihm allnächtlich nach Petach-Tikvah. Ein schöner Spaziergang durch eine schöne Gegend, zumal im Mondschein. Zwinji bewahrte während des ganzen Wegs bewundernswerte Zurückhaltung. Erst kurz vor unserem Haus wurde er unruhig, und kaum hatte ich die Tür geöffnet, machte er einen Satz auf den roten Teppich, wo er sofort in Aktion trat.

Mit der Zeit begann ich mich zu fragen, warum das alles denn sein müsste und warum ich's mir eigentlich gefallen ließ.

Ich besprach das Problem mit meiner Frau. Sie verwies mich auf den französischen Philosophen Rousseau, der bekanntlich die These aufgestellt hat, dass alles, was natürlich ist, auch schön ist. Mit anderen Worten: Es war natürlich, dass Zwinji immer nur auf den Teppich pinkelte.

Was aber tat die Natur in ihrer grenzenlosen Weisheit?

Eines Morgens, als Frau Kaminski wieder einmal mit einigen Knochen für den Hund herüberkam, erzählte ich ihr von Zwinjis hygienischen Schwierigkeiten und bekam Folgendes von ihr zu hören.

»Weil Sie ihn schlecht erzogen haben. Weil Sie nicht wissen, wie man mit Hunden umgeht. Weil Sie ihn falsch behandeln. Wenn er den roten Teppich benutzt, müssen Sie ihm jedesmal die Schnauze hineinstecken, dann müssen Sie ihm einen Klaps geben und ihn zum Fenster hinauswerfen. So macht man das.«

Obwohl ich kein Freund körperlicher Züchtigung war, machte ich es so. Zwinji kam, sah und pinkelte – ich steckte seine Schnauze hinein, gab ihm einen Klaps und warf ihn zum Fenster hinaus. Die Prozedur wiederholte sich mehrmals am Tag, aber ich ließ nicht locker. Es war mein Lebensehrgeiz geworden, Zwinji seine schlechten Pinkelsitten abzugewöhnen.

Langsam, sehr langsam, zeigten sich die Früchte meiner Geduld. Zwinji hat sich doch manches gemerkt und manches abgewöhnt. Ich stelle das nicht ohne Genugtuung fest.

Gewiss, er pinkelt noch immer auf den roten Teppich – aber nachher springt er ganz von selbst aus dem Fenster, ohne die geringste Hilfe von meiner Seite, und wartet draußen auf mein Lob und meine Leckerbissen.

Immerhin ein Teilerfolg.

Rohmaterial für drei Geschichten

»Jossele«, stöhnte ich aus vertrockneter Kehle, »hat es schon jemals einen so irrsinnig heißen Sommer gegeben?«

»Ich erinnere mich nur an einen einzigen«, antwortete Jossele. »Voriges Jahr.« Ich brütete angestrengt, denn bis zum Abend sollte ich meinen Beitrag für die Wochenendausgabe abliefern.

»Hast du nicht irgendein Thema für eine Geschichte, Jossele?«, fragte ich verzweifelt.

Jossele wusste Rat, wenn auch langsam. »Eine Geschichte. Hm. Heutzutage muss eine Geschichte aus dem Leben gegriffen sein. Warum schreibst du nicht über den sauren Grünspan?«

»Über wen?«

»Er hieß der saure Grünspan«, hob Jossele an, »weil er mürrisch war und ständig einen säuerlichen Gesichtsausdruck mit sich herumtrug. Niemand im Amt konnte ihn leiden. Er hatte einen untergeordneten Posten in einer Unterabteilung des Finanzministeriums und wurde nie befördert. Alle wurden mit der Zeit befördert, nur er nicht. Kein Wunder, dass er die ganze Welt hasste. Nur einmal in der Woche hellten sich seine säuerlichen Gesichtszüge ein wenig auf. Immer nach der Gehaltsauszahlung zeigte er seinen Kollegen die zwei Lotterielose, die er gekauft hatte, und sagte:

›Sollte ich jemals den Haupttreffer machen, dann verschwinde ich eine Minute später aus dieser Pestgrube und will nie wieder etwas mit euch zu tun haben!‹ Nachdem er das oft genug gesagt hatte, kamen seine Kollegen auf den nicht gerade sensationellen, aber durchaus begreiflichen Einfall, die Nummern seiner beiden Lotterielose zu notieren, und am folgenden Freitag stürzte einer von ihnen mit der Nachricht ins Zimmer: Soeben wären im Radio die Nummern der beiden Haupttreffer verlautbart worden, 449 666 und 83 272 mit je 45 000 Pfund. Alle zogen ihre Lose hervor, und der saure Grünspan fiel beinahe in Ohnmacht, denn er sah, dass seine Nummern gewonnen hatten. Schon riss ein anderer die Tür auf: ›Habt ihr gehört? Die zwei Haupttreffer entfallen auf die Lose 449 666 und 83 272!‹ Und als ein dritter die gleiche Nachricht brachte, schwanden Grünspans letzte Zweifel – er war ein reicher Mann. ›Das ist der Augenblick, auf den ich gewartet habe!‹, zischte er, schob seine 90 000-Pfund-Lose in die Tasche und eilte in den dritten Stock, ins Büro des Ministers. ›Herr!‹, rief er ihm zu. ›Seit Jahren sehne ich die Gelegenheit herbei, Ihnen meine Meinung ins Gesicht zu sagen. Jetzt ist es soweit. Sie sind ein Arschloch, Ihre Beamten sind unfähige Schwachköpfe oder Betrüger, und Ihr Ministerium ist eine Brutstätte der Korruption. Ich werde dafür sorgen, dass Letzteres bekannt wird.‹ Damit ließ Grünspan den verdutzten Minister sitzen, ging in sein Zimmer zurück, packte seine Sachen und verschwand, ohne sich von irgendjemandem zu verabschieden.

Erst als am nächsten Tag die Ziehungslisten herauskamen, stellte er fest, dass er einem Scherz aufgesessen war.«

»Das ist aber eine grausame Geschichte, Jossele«, sagte ich. »Und ein grausames Ende.«

»Wieso grausam?«, gab Jossele zurück. »Das Ende war, dass der Minister den sauren Grünspan tags darauf zum Generalsekretär ernannte.«

»Nun ja.« Ich brauchte eine kleine Pause, um mich zu fassen. »So etwas war ja vorauszusehen. Aber im ganzen ist die Geschichte so negativ, dass ich sie lieber nicht schreiben möchte.«

»Wie du meinst«, sagte Jossele. »Dann schreib über die Tragödie der dicken Selma«, begann er seinen Bericht, »die ewige Braut unseres Cafétiers Gusti. Ein prachtvolles Mädel, treu, liebevoll, häuslich und, wie gesagt, sehr dick. Die beiden lebten seit Jahren zusammen, aber von Hochzeit war nie die Rede. Das fiel der dicken Selma allmählich auf, und nach einigem Nachdenken entdeckte sie auch die Ursache. ›Gut‹, sagte sie sich, ›ich werde abnehmen. Wenn ich erst einmal mein überschüssiges Fett los bin, ist alles in Ordnung.‹ Was tut man, um abzunehmen? Man lässt sich massieren. Gusti kannte eine Masseuse, mit der er auf bestem Fuß stand, ohne dass es zu etwas geführt hätte – vielleicht weil auch diese Dame sehr dick war, genau wie Selma. Sie wusste um das Geheimnis der Abmagerungsmassage und versprach, Selma innerhalb Monatsfrist zu entfetten. Du kannst dir denken, wie es dabei zugegangen ist. Die dicke Selma lag auf der

Pritsche, und die Masseuse fiel über sie her, schlug mit den Handkanten auf sie ein, knetete sie, rollte sie vom Bauch auf den Rücken und vom Rücken auf den Bauch, Tag für Tag, manchmal drei Stunden lang. Ein Pfund nach dem anderen verschwand, das Fett wich fraulichem Charme, bis dahin verborgene weibliche Reize traten zutage, und nach einem Monat führte Gusti die Geliebte seines Herzens zum Altar. Alle Hochzeitsgäste waren sich darüber einig, dass sie noch nie eine so hübsche, schlanke Braut gesehen hatten wie Abigail.«

»Abigail?«, unterbrach ich. »Wer ist Abigail?«

»Die Masseuse«, antwortete Jossele. »Oder hast du geglaubt, die dicke Selma hätte vom Massieren abgenommen?«

»Natürlich nicht.« Diesmal fasste ich mich etwas rascher. »Das war mir von vornherein klar. Aber die Geschichte widerspricht meinen Moralbegriffen. Einen Mann, der gleich mit zwei Frauen in Sünde lebt, kann ich nicht brauchen.«

»Dann bleibt nur noch Coco, der Bildhauer.« Jossele holte Atem und begann. »Es ist eine mystische, fast schon ein wenig unheimliche Geschichte aus den Gefilden der Kunst und Kultur. Coco, ein nicht unbegabter Bildhauer, hatte in Frankreich und Italien ausgestellt und mehrere Preise gewonnen, aber er fühlte, dass er sein wirkliches Meisterwerk erst noch schaffen musste. Eines Morgens überkam ihn die Inspiration mit solcher Macht, dass er sein Atelier versperrte und fieberhaft an der Skulptur eines jungen Frauenkörpers zu arbeiten begann. Er geriet in einen wahren Taumel der Kreativität, unterbrach seine Arbeit immer nur für ganz kurze Zeit, um körperliche Bedürfnisse zu stillen, und ließ die Statue keine Minute lang allein. Zum Schluss – und niemand, der ›My Fair Lady‹ gesehen hat, wird davon überrascht sein – verliebte er sich in seine eigene Schöpfung. Er nannte sie ›Venus von Gilead‹, und wenn er schlaflos auf seinem Bett lag, flüsterte er ihren Namen leise und zärtlich in die Dunkelheit. Das Wunder geschah – die Götter erbarmten sich seiner und hauchten der Statue Leben ein. In einer sternklaren Nacht verließ die Venus von Gilead ihr Piedestal, trat an Cocos Bett, beugte sich zu ihm nieder und sagte: ›Ich liebe dich!‹ Auf Erden lebt seither kein glücklicherer Mensch als Coco. Nur ein einziger Wermutstropfen ist in seine Seligkeit gefallen: Er kann sich mit seiner Geliebten nicht in der Öffentlichkeit zeigen.«

»Warum nicht?«, fragte ich. »Soviel ich weiß, ist Coco Junggeselle?«

»Das stimmt«, bestätigte Jossele. »Aber seine Geliebte besteht aus einem nierenförmigen Marmorblock mit einem ovalen Loch in der Mitte und zwei schrägen Metallstangen, die oben durch eine Dachrinne verbunden sind. Ich vergaß zu sagen, dass Coco ein abstrakter Bildhauer ist.«

Wie man Freunde gewinnt

Eines Abends klingelte es an unserer Tür. Sofort sprang die beste Ehefrau von allen auf, eilte quer durchs Zimmer auf mich zu und sagte: »Geh aufmachen.« Vor der Tür standen die Großmanns. Dov und Lucy Großmann, ein nettes Ehepaar mittleren Alters und in Pantoffeln. Da wir einander noch nie direkt begegnet waren, stellten sie sich vor und entschuldigten sich für die Störung zu so später Stunde.

»Wir sind ja Nachbarn«, sagten sie. »Dürfen wir für einen Augenblick eintreten?«

»Bitte sehr.«

Mit erstaunlicher Zielsicherheit steuerten die Großmanns in den Salon, umkreisten den Flügel und hielten vor dem Teewagen inne.

»Siehst du?«, wandte sich Lucy triumphierend an ihren Gatten. »Es ist keine Nähmaschine.«

»Ja, ja, schon gut.« Dovs Gesicht rötete sich vor Ärger. »Du hast gewonnen. Aber vorgestern war ich im Recht. Sie haben keine Encyclopedia Britannica.«

»Von Britannica war nie die Rede«, korrigierte ihn Lucy. »Ich sagte nichts weiter, als dass sie eine Enzyklopädie im Haus haben und überhaupt sehr versnobt sind.«

»Schade, dass wir deine geschätzten Äußerungen nicht auf Tonband aufgenommen haben.«

»Ja, wirklich schade.«

Es blieb mir nicht verborgen, dass sich in dieses Gespräch eine gewisse Feindseligkeit einzuschleichen drohte. Deshalb schlug ich vor, dass wir alle zusammen Platz nehmen und uns aussprechen sollten, wie es sich für erwachsene Menschen geziemt.

Die Großmanns nickten – jeder für sich – zustimmend, Dov entledigte sich seines Regenmantels, und beide setzten sich hin. Dovs Pyjama war graublau gestreift.

»Wir wohnen im Haus gegenüber«, begann Dov und zeigte auf das Haus gegenüber. »Im fünften Stock. Voriges Jahr haben wir eine Reise nach Hongkong gemacht und haben uns dort einen hervorragenden Feldstecher gekauft.«

Ich bestätigte, dass die japanischen Erzeugnisse tatsächlich von höchster Qualität wären.

»Maximale Vergrößerung eins zu zwanzig«, prahlte Lucy und zupfte an ihren Lockenwicklern. »Mit diesem Glas sehen wir jede Kleinigkeit in Ihrer Wohnung. Und Dobby, der sich manchmal gern wie ein störrisches Maultier benimmt, hat gestern steif und fest behauptet, dass der dunkle Gegenstand hinter Ihrem Flügel eine Nähmaschine ist. Er war nicht davon abzubringen, obwohl man auf diesem Gegenstand ganz deutlich eine Blumenvase stehen sah. Seit wann stehen Blumenvasen auf Nähmaschinen? Eben. Aber Dobby wollte das nicht einsehen. Auch heute noch haben wir den ganzen Tag darüber gestritten. Schließlich sagte ich zu Dobby: ›Weißt du was? Wir gehen zu denen hinüber, um nachzuschauen, wer recht hat.‹ Und hier sind wir.«

»Sie haben richtig gehandelt«, lobte ich. »Sonst hätte der Streit ja nie ein Ende genommen. Noch etwas?«

»Nur die Vorhänge«, seufzte Dov.

»Was ist mit den Vorhängen, und warum seufzen Sie?« fragte ich.

»Weil, wenn Sie die Vorhänge vor Ihrem Schlafzimmer zuziehen, können wir gerade noch Ihre Füße sehen.«

»Das ist allerdings bitter.«

»Nicht dass ich mich beklagen wollte!«, lenkte Dov ein. »Sie brauchen auf uns keine Rücksicht zu nehmen. Es ist ja Ihr Haus.«

Die Atmosphäre wurde zusehends herzlicher. Meine Frau servierte Tee und Salzgebäck.

Dov fingerte am Unterteil seiner Armlehne. »Was mich kolossal interessieren würde ...«

»Ja? Was?«

»Ob hier noch der Kaugummi pickt. Er war rot, wenn ich nicht irre.«

»Blödsinn«, widersprach Lucy. »Er war gelb.«

»Rot!«

Die Feindseligkeiten flammten wieder auf. Können denn zwei zivilisierte Menschen keine fünf Minuten miteinander sprechen, ohne zu streiten? Als ob es auf solche Lappalien ankäme! Zufällig war der Kaugummi grün, ich wusste es ganz genau.

»Einer Ihrer Gäste hat ihn vorige Woche hingeklebt«, erläuterte Dov. »Ein hochgewachsener, gutgekleideter Mann. Während Ihre Frau in die Küche ging, nahm er den Kaugummi aus dem Mund, blickte sich um, ob ihn jemand beobachtete, und dann – wie gesagt.«

»Köstlich«, kicherte meine Frau. »Was Sie alles sehen!«

»Da wir kein Fernsehgerät besitzen, müssen wir uns auf andere Weise Unterhaltung verschaffen. Sie haben doch nichts dagegen?«

»Keine Spur.«

»Aber Sie sollten besser auf den Fensterputzer aufpassen, der einmal in der Woche zu Ihnen kommt. Auf den im grauen Arbeitskittel. Er geht dann immer in Ihr Badezimmer und benutzt Ihr Deodorant.«

»Wirklich? Sie können sogar in unser Badezimmer sehen?«

»Nicht sehr gut. Wir sehen höchstens, wer unter der Dusche steht.«

Die nächste Warnung bezog sich auf unseren Babysitter.

»Sobald Ihr Kleiner einschläft«, eröffnete uns Lucy, »zieht sich das Mädchen in Ihr Schlafzimmer zurück. Mit ihrem Liebhaber. Einem Studenten. Mit randloser Brille.«

»Wie ist denn die Aussicht ins Schlafzimmer?«

»Nicht schlecht. Nur die Vorhänge stören, das sagte ich Ihnen ja schon. Außerdem missfällt mir das Blumenmuster.«

»Ist wenigstens die Beleuchtung ausreichend?«

»Wenn ich die Wahrheit sagen soll: Nein. Manchmal sind überhaupt nur schattenhafte Konturen zu sehen. Fotografieren kann man so etwas nicht.«

»Die Beleuchtungskörper in unserem Schlafzimmer«, entschuldigte ich mich, »sind eigentlich mehr fürs Lesen gedacht. Wir lesen sehr viel im Bett, meine Frau und ich.«

»Ich weiß, ich weiß. Aber manchmal kann einen das schon ärgern, glauben Sie mir.«

»Dov!«, warf Lucy vorwurfsvoll dazwischen. »Musst du denn auf die Leute immer gleich losgehen?«

Und wie zum Trost gab sie uns bekannt, was sie am liebsten sah: Wenn meine Frau zum Gutenachtsagen ins Kinderzimmer ging und unser Allerjüngstes auf den Po küsste.

»Es ist eine wirkliche Freude, das mitanzusehen!« Lucys Stimme klang ganz begeistert. »Vorigen Sonntag hatten wir ein kanadisches Ehepaar zu Besuch, beide sind Innenarchitekten und beide erklärten unabhängig voneinander, dass ihnen ein so rührender Anblick noch nie untergekommen sei. Sie versprachen, uns ein richtiges Teleskop zu schicken, eins zu vierzig, das neueste Modell. Übrigens hat Dov schon daran gedacht, in Ihrem Schlafzimmer eines dieser japanischen Mikrophone anzubringen, die angeblich bis auf zwei Kilometer Entfernung funktionieren. Aber ich möchte lieber warten, bis wir uns etwas wirklich Erstklassiges leisten können, zum Beispiel aus Amerika.«

»Wie recht Sie doch haben. Bei solchen Sachen soll man nicht sparen.«

Dobby stand auf und säuberte seinen Pyjama von den Bröseln der belegten Brötchen, mit denen meine Frau ihn mittlerweile bewirtet hatte.

»Wir freuen uns wirklich, dass wir Sie endlich von Angesicht zu Angesicht kennengelernt haben«, sagte er herzlich. Hierauf versetzte er mir einen scherzhaften Rippenstoß und flüsterte mir zu:

»Achten Sie auf Ihr Gewicht, alter Knabe! Man sieht Ihren Bauch auch ohne Feldstecher bis ins gegenüberliegende Haus.«

»Ich danke Ihnen, dass Sie mich darauf aufmerksam machen«, erwiderte ich ein wenig beschämt.

»Nichts zu danken. Wenn man einem Nachbarn helfen kann, dann soll man es tun, finden Sie nicht auch?«

»Natürlich.«

»Und finden Sie nicht, dass das Blumenmuster auf Ihren Vorhängen –«

»Sie haben vollkommen recht.«

Wir baten die Großmanns, recht bald wiederzukommen. Ein wenig später sahen wir im fünften Stock des gegenüberliegenden Hauses das Licht angehen. Im Fensterrahmen wurde Dobbys schlanke Gestalt sichtbar. Als er den Feldstecher aus Hongkong ansetzte, winkten wir ihm. Er winkte zurück.

Kein Zweifel: Wir hatten neue Freunde gewonnen.

Neues von der Kunstbörse

Vor einigen Tagen hielt mich mein Nachbar Felix Selig im Stiegenhaus an.

»Entschuldigen Sie – fahren Sie wieder nach Amerika?«

»Nein. Warum?«

»Macht nichts. Ich wollte Sie bitten, mir das Musical ›Hello Dolly!‹ zu kaufen. Aber wenn Sie nicht nach Amerika fahren, schreibe ich meinem Schwager.«

Es dauerte eine Zeitlang, bevor ich diese rätselhaften Äußerungen durchschaute. Die alte Apothekerswitwe an der Ecke hatte im vergangenen Sommer ihre Verwandten in London besucht und bei dieser Gelegenheit die Bühnenrechte für drei Kriminalstücke von Agatha Christie erworben, die sie dann mit beachtlichem Profit an mehrere Theater weiterverkauft hat. Nach Seligs Informationen war sie nicht als Einzige in dieses neue Geschäft eingestiegen. Unsere Theater haben Hochkonjunktur, und der Import von Bühnenrechten gilt derzeit als das große Geschäft. Besonders mit Musicals kann man wirkliches Geld verdienen.

»Die Wäschereibesitzerin im zweiten Stock hat drei Dürrenmatts«, berichtete Felix. »Das Kammertheater Tel Aviv und das Stadttheater Haifa raufen sich um die Rechte, aber sie verkauft noch nicht ...«

Im Showgeschäft muss man die Augen offen halten. Man muss, wie der Franzose sagt, auf dem qui vive sein. Apropos Franzose: Da wollte unsere Habima von dem bekannten französischen Dramatiker Jean Anouilh die hebräischen Aufführungsrechte seines Schauspiels »Becket« erwerben – aber die hatte ihr zwei Tage vorher ein Tischler aus Nathania weggeschnappt, durch Vermittlung seiner in Paris lebenden Schwester. Der Tischler erklärte sich bereit, der Habima die Rechte zu überlassen, falls sie ihn für das Bühnenbild engagiert. Die Verhandlungen gerieten ins Stocken, weil die Gewerkschaft der Bühnenarbeiter keine Gasttischler zulassen will, und da sie angeblich die Rechte für den neuen Ionesco besitzt …

»Sehr interessant«, unterbrach ich Seligs Informationsfluss. »Und ist es zu schwer, ausländische Bühnenrechte zu bekommen?«

»Schwer? Kinderleicht! Man braucht sich nur als israelischer Impresario, Regisseur, Schauspieler oder Platzanweiser auszugeben und ein paar Dollar auf den Tisch des Haues zu blättern, das genügt. Es ist eine sichere Investition. Vorausgesetzt, dass man sich in den Winkelzügen des Geschäfts auskennt. Vorige Woche hat das Ohel-Theater zwei Tennessee Williams auf dem schwarzen Markt verkauft. Dabei ist es nicht ohne Komplikationen abgegangen. Ursprünglich waren die Rechte in New York von einem Steward der El-Al erworben worden, der sich dem Agenten des Autors als israelischer Erziehungsminister vorgestellt hatte. Von ihm gingen die Rechte an eine alternde hebräische Schauspielerin, die sich auf diese Weise die weibliche Hauptrolle sichern wollte. Da der Direktor des Theaters damit nicht einverstanden war, tauschte er die zwei Tennessees gegen einen Max Frisch, den ein bekannter Basketballspieler von einem griechischen Antiquitätenhändler gekauft hatte. Als das Kammertheater von dieser Transaktion erfuhr, schaltete er sich blitzschnell ein und kam der Habima um eine Nasenlänge zuvor.«

»Einen Augenblick!« Ich fühlte, wie mich die Leidenschaft überkam. »Wenn der Frisch noch frei ist, kaufe ich ihn.«

Felix sprach, der Sache nachzugehen. Ich warte jetzt auf seinen Bescheid. Wie ich höre, hat Frisch bereits um zwei Punkte angezogen. Arthur Miller notiert unverändert. Brecht schwankt. Ich auch. Soll ich nicht doch ein Musical kaufen?

Goldstein, kehre zurück,
alles vergeben

Die Frage, wer Schlomo Goldstein aufgefordert hat, unser Schlafzimmer neu zu streichen, ruft in unserer Familie immer noch stürmische Diskussionen hervor. Die beste Ehefrau von allen behauptet, ich hätte ihr wegen der Flecken an der Decke das Leben zur Hölle gemacht. Ich meinerseits erinnere mich nur an ihren wenig abwechslungsreichen Ausruf: »Schau dir die Wände an! Bitte schau dir die Wände an!«

Wie immer dem sei – eines Morgens erspähte sie vor der Tür unserer Wohnungsnachbarn Selig zwei Maler mit Leitern und Eimern, schlich sich sofort an sie heran und lud sie in unser Schlafzimmer ein. Die beiden, Schlomo Goldstein und sein Gehilfe Mahmud, sagten ja, sie würden kommen, Donnerstag um halb acht in der Früh, wenn's recht ist. Die Frage der Bezahlung blieb zunächst offen; es wurde lediglich ein Vorschuss in Höhe von 200 Pfund vereinbart.

Am Donnerstag kamen sie überpünktlich um 7.10 Uhr. Mahmud verhüllte unsere Möbel sorgfältig mit ausländischen Zeitungen, für den Fußboden verwendete er die »Jerusalem Post«. Als Nächstes stellten sie eine bunte Holzleiter auf, banden sich Taschentücher vor den Mund, gegen den Staub, kratzten drei Wände und die halbe Decke ab und verschwanden.

Es verschwanden allerdings nur Goldstein und

Mahmud, nicht die Leiter, nicht die Zeitungen und nicht der Staub unter unseren Füßen. Anfangs dachten wir, dass die beiden nur weggegangen wären, um Farbe oder Ähnliches zu kaufen, aber nach drei Tagen wurden wir doch ein wenig nervös.

Es ist schwer, in einem mit Zeitungspapier tapezierten Zimmer zu schlafen und beim Aufstehen sofort in knöcheltiefem Staub zu versinken, den wir nämlich auf Goldsteins ausdrückliche Anordnung nicht wegkehren durften, weil er – der Staub, nicht Goldstein – einen natürlichen Schutz gegen herabtropfende Farbe darstellt. Aber es tropfte keine Farbe, und es war kein Goldstein zu sehen.

»Und er hat einen so soliden Eindruck gemacht ...« Die beste Ehefrau von allen schüttelte den staubigen Kopf. »Ich hätte ihm das niemals zugetraut.«

Sie ging zu den Seligs hinüber und fand deren Wohnung in gleichem Zustand wie die unsere: verwaiste Leitern, vereinsamte Eimer, viel Staub und weder Goldstein noch Mahmud. Die beiden hatten auch bei Seligs nur einen halben Tag gearbeitet, und Mahmud hatte sein bevorstehendes Verschwinden vorsorglich durch die Anfrage getarnt, ob er am Morgen immer ein Glas Milch haben könnte, er sei daran gewöhnt und danke im Voraus. Seither fehlte von ihm und Goldstein jede Spur.

Die Seligs ihrerseits besuchten letzten Samstag die mit ihnen befreundete Familie Friedländer in Ramat Gan und wurden gleich an der Tür von einer alleinstehenden Leiter begrüßt. Sie ersetzte die Aufschrift

»Goldstein war hier«. Allem Anschein nach hatte er seine Arbeit dort unmittelbar nach seinem Abgang von uns aufgenommen. Einige Tage später erschien Mahmud mit der Mitteilung, dass ihre beiden Frauen, Goldsteins und die seine, sich im Krankenhaus befänden. Das war das Letzte, was man von ihnen sah.

»Ephraim«, erklärte die beste Ehefrau von allen, »wir haben es mit zwei Verrückten zu tun.«

Es musste eine sonderbare Verrücktheit sein, eine Art Sprachfehler vielleicht, die beiden konnten offenbar nicht Nein sagen. Nachforschungen in unserer näheren Umgebung ergaben nicht weniger als acht Goldstein-Mahmud-Spuren.

Die beiden fleißigen Handwerker nahmen ganz einfach jeden Auftrag an, erschienen überall pünktlich, stellten ihre Leiter hin, schabten hier ein wenig Verputz ab, klatschten dort ein wenig Verputz an und machten sich auf die Suche nach neuen Jagdgründen. Eine Familie im nächsten Häuserblock hatte drei Monate in einer Wüstenei von Farbtöpfen und Mörtel gelebt, ehe Goldstein eines Abends plötzlich auftauchte, mit dem Ausruf »Trocken!« die Wände betastete, einen anderen Arbeitskittel anzog und für weitere sechs Monate verschwand.

Er hat viele Kunden, Schlomo Goldstein. Eine Adresse lässt er niemals zurück. Er gehört zu jenem Typus, der immer sagt: »Nein, Sie brauchen mich nicht anzurufen, ich rufe Sie an.« Mahmud sagt gar nichts und glotzt stumm vor sich hin, während er die Farbe rührt und Zigarettenstummel raucht.

Die beiden beherrschen ihr Handwerk, daran besteht kein Zweifel. Niemand ist so gut wie Goldstein, vorausgesetzt, dass er kommt. Seine Spezialität sind Türen und Schwellen.

Leider pflegt er die Türen zum Trocknen immer über zwei Stühle zu legen, aber man kann ja schließlich auf ihnen sitzen, sobald sie getrocknet sind. Zahlreiche Goldstein-Kunden speisen seit Monaten auf horizontalen Türen.

Vor ein paar Tagen besuchten wir die Spiegels. Sie hatten für die Ecke ihres Salons ein sehr geschmackvolles Leiter- und Eimer-Arrangement gefunden, das ein wenig an Pop-Art erinnerte.

Natürlich sprachen wir über die Welt des Schlomo Goldstein und einigten uns darauf, dass er ein netter, freundlicher Zeitgenosse sei. Ein wenig müde, nicht? Das schon, aber er ist ja auch ständig unterwegs. Wie bewegt er sich eigentlich? Womit? Wann? Niemand hat ihn je unterwegs gesehen. Er ist plötzlich da, komplett mit Leiter und Mahmud.

»Vielleicht lebt er in einem Wohnwagen«, erwog Friedländer. »Das macht ihn so beweglich.«

Ein von Goldstein Aufgesuchter und wieder Verlassener war einmal von der Polizei aufgefordert worden, ihn zu Identifizierungszwecken zu beschreiben, und musste passen. Er konnte sich nur an das Taschentuch vor Goldsteins Mund erinnern und brachte ihn damit vorübergehend in den Verdacht, einen Raubüberfall geplant zu haben. Nichts liegt Goldstein ferner. Er erscheint zwar überfallartig, aber er raubt nicht. Im Gegenteil, er lässt etwas zurück: Leitern, Eimer, Zeitungspapier.

Die Zahl der Goldstein-Opfer beträgt derzeit etwas über hundert. Wir haben uns zu einem Verein mit dem Titel »Die Ritter der Türtafelrunde« zusammengeschlossen. Unser Doyen ist ein angesehener Schriftsteller. Er wartet auf Goldsteins Rückkehr bereits seit achtzehn Monaten, das geht aus dem Datum der zurückgebliebenen Zeitungen hervor.

Zu unseren Diskussionsthemen gehört u. a. die Frage, wovon Goldstein lebt und wo er so viele Leitern hernimmt. Er muss eine Sekretärin haben, sonst hätte er längst den Überblick verloren. Seinen Lebensunterhalt verdient er mit Vorschüssen.

Nachforschungen ergaben, dass Goldstein an einem für ihn typischen Arbeitsmorgen gleichzeitig in sieben Wohnungen erschienen war, eine davon im nördlichen Nazareth. Angeblich wurde auch Mahmud beim Ausheben einer Tür in Galiläa gesichtet, während er am Strand von Tel Aviv Ping-Pong spielte.

Da es mir immer schwerer fiel, mich an ein Leben zwischen Eimern und alten Zeitungen zu gewöhnen, stellte ich in unserer letzten Vorstandssitzung den Antrag, Goldstein durch systematische Suchaktionen ausfindig zu machen.

Unsere Mitglieder sollten miteinander ständig Kontakt halten, zum Teil durch Sprechfunkgeräte, und sobald Goldstein irgendwo aufkreuzte, würden wir ihn mit Suchhunden einkreisen. Friedländer, der über einen kräftigen Bariton verfügt, wurde mit dem Zuruf beauftragt: »Sie sind umzingelt, Goldstein! Widerstand ist zwecklos! Ergeben Sie sich!«

In den anschließenden Verhandlungen wird Goldstein natürlich versuchen, sich durch die Zusagen, morgen ganz bestimmt zu erscheinen, aus der Schlinge zu ziehen. Aber darauf gehen wir nicht ein. Wir schicken ihm einen Wagen mit Chauffeur. Goldstein windet sich. Er bietet uns Mahmud als Geisel an. Nichts da! Njet und abermals njet! Er braucht Terpentin? Wir werden es zu seiner Arbeitsstätte schaffen. Am Abend bekommt er etwas zu essen und zwei Glas Milch, eines für Mahmud. Und übernachten muss er im Badezimmer …

Träumereien. Leere Fantasien. Wenn wir das Haus, in dem wir Goldstein entdeckt haben, endlich stürmen, ist Goldstein verschwunden.

Wahrscheinlich stellt er gerade an der Schwelle eines Wohnzimmers in Herzlia seine Leiter auf. Und Mahmud beginnt im Farbtopf zu rühren.

Wegweisung

In einer dieser neuen Wohnbauten unserer Regierung hatte endlich auch Jossele eine Wohnung bekommen, der Glückspilz, und lud mich für Samstag ein, sie zu besichtigen. Am Samstag gibt es bekanntlich keine öffentlichen Verkehrsmittel, seit die religiösen Parteien in der Regierungskoalition sitzen und streng darauf achten, dass die Sabbatruhe durch keinerlei Verstöße gegen das Fahrverbot gestört wird. Zum Glück besitze ich ein Fahrrad. Zwar unterliegen auch Fahrräder den Sabbatgesetzen, aber man kann es schließlich nicht allen Leuten recht machen.

»Ich habe noch keine Adresse«, sagte Jossele, »weil das Haus noch nicht numeriert ist. Deshalb muss ich dir genau erklären, wie du hinkommst. Du fährst bis zur Rabbi-Cook-Straße in Ramat Gan. Kümmere dich nicht um die erste Abzweigung nach links. Auch nicht um die zweite. Nimm die dritte. Sie ist leicht zu erkennen, weil an der Ecke ein Mann in einem gelben Pullover sitzt und seinen Sohn verprügelt. Dann kommst du an drei gefleckten Kühen vorbei und biegst links ab, wo die Häuser stehen, die noch keine Dächer haben. Und jetzt gib acht. Deine nächste Abzweigung ist die zweite Straße rechts. Nicht die erste, denn in der ersten wohnen die Orthodoxen, die am Sabbat mit Steinen nach Radfahrern werfen. Also die zweite Straße rechts. Wenn du richtig fährst, triffst du auf ungefähr halbem Weg einen jungen Mann, der vor einem Geräteschuppen kniet, sein Motorrad repariert und die Regierung verflucht. Kurz darauf wirst du einen Gestank bemerken. Dem musst du so lange folgen, bis du auf den Kadaver einer Katze stößt, die vor zwei Monaten überfahren wurde. Das ist der Punkt, wo du nach rechts abbiegst und zu einem Privatweg mit der Tafel ›Durchfahrt verboten‹ kommst.

Nachdem du durchgefahren bist, bleibst du stehen und fragst nach der Blumenhandlung. Den weiteren Weg kann ich dir nicht erklären. Er ist zu kompliziert. Ich werde vor der Blumenhandlung auf dich warten. Wann kommst du?«

»Um elf Uhr«, antwortete ich. »Vielleicht nicht auf die Minute genau. Sagen wir: zehn nach elf.«

»Gut.«

Es war leider nicht gut, obwohl es recht gut begann. Rabbi Cook machte mir keine Mühe, der gelbe Pullover prügelte wie angekündigt seinen Sohn, die drei gefleckten Kühe befanden sich an der ihnen zugewiesenen Stelle, ebenso der Regierungsgegner mit dem Motorrad, auch an Gestank herrschte kein Mangel – aber die tote Katze war nirgends zu sehen. Ich musste umkehren und nach Hause zurückfahren.

Jossele meint, der Katzenkadaver wäre von den Schakalen weggeschleppt worden. Er wird einen anderen herbeischaffen, damit ich mich beim nächsten Mal zurechtfinde.

Der Kampf
mit dem Installateur

Eines friedlichen Vormittags wurde der Wasserhahn in unserer Küche undicht und begann zu tropfen. Ich eilte sofort zu Stucks, dem einzigen Installateur in der Gegend, um ihn an das Krankenlager unseres Hahns zu bitten. Es war jedoch nur Frau Stucks zu Hause, die mir versprach, dass Stucks zu Mittag kommen würde. Als Stucks auch am frühen Nachmittag nicht gekommen war, ging ich wieder zu ihm. Zu Hause war nur Frau Stucks. Sie sagte mir, sie hätte Herrn Stucks gesagt, dass er zu uns kommen solle, aber Herr Stucks hätte nicht zu uns kommen können, weil er zu jemandem andern gehen musste. Er würde jedoch am frühen Abend kommen.

Stucks kam am frühen Abend nicht und nicht am späten, und als ich zu ihm kam, war niemand zu Hause. Von den Nachbarn erfuhr ich, dass das Ehepaar Stucks ins Kino gegangen sei. Ich steckte einen Zettel ins Schlüsselloch: Herr Stucks möchte bitte am nächsten Morgen zu uns kommen, weil unser Wasserhahn einer Reparatur bedürfe.

Als ich am Morgen aufwachte und Stucks noch nicht da war, ging ich zu ihm. Ich erwischte ihn beim Verlassen seiner Wohnung. Er behauptete, dass er sich gerade auf den Weg zu mir machen wollte, aber da er mich jetzt sowieso getroffen hätte, wäre ich vielleicht damit einverstanden, dass er erst mittags zu mir käme, weil er vorher noch zu jemandem andern gehen müsse. Er würde um eins kommen, sagte er. Ich fragte ihn, ob er nicht um halb zwei kommen könnte, da ich um eins noch auswärts zu tun hätte. Nein, antwortete er, leider, seine Zeit sei zu knapp, entweder um eins oder gar nicht.

Ich wartete bis drei, und als er nicht kam, ging ich zu ihm. Er war nicht zu Hause. Seine Frau versprach mir, nach seiner Rückkehr dafür zu sorgen, dass er am nächsten Morgen oder spätestens gegen Mittag kommen würde.

Stucks kam weder am nächsten Morgen noch gegen Mittag. Als ich zu ihm kam, saß er beim Mittagessen und sagte, er hätte nicht kommen können, weil er soviel zu tun hatte, aber jetzt sei es endlich soweit, er würde nur noch rasch etwas essen und käme in einer Stunde.

Ich wartete bis zum Abend. Stucks kam nicht. Deshalb ging ich zu Stucks. Diesmal war niemand zu Hause. Ich setzte mich auf die Türschwelle, um zu warten. Gegen Mitternacht erschienen Herr und Frau Stucks. Ich fragte ihn, warum er mich bis in die Abendstunden vergebens hatte warten lassen. Weil er bis jetzt beschäftigt gewesen sei, sagte Stucks. Aber ich sollte mir, sagte Stucks, keine Sorgen machen, er käme ganz bestimmt morgen früh um halb sieben. Ich fragte ihn, ob er nicht um sieben kommen könnte. Nein, sagte er, völlig ausgeschlossen, halb sieben oder gar nicht. Schließlich einigten wir uns auf 6.45 Uhr.

Um zehn war er noch immer nicht da. Was tun? Ich ging zu ihm. Seine Frau – er selbst war nicht zu Hause – versprach mir, für mich ein gutes Wort einzulegen. Als ich fortging, lief sie mir nach und erkundigte sich, wer ich sei und was ich wolle. Ich informierte sie, dass unser Wasserhahn in der Küche ständig tropfe, und fragte, ob Herr Stucks nicht endlich kommen könnte, um ihn zu reparieren. Wenn Herr Stucks versprochen hätte, zu kommen, sagte Frau Stucks, dann käme er ganz bestimmt.

Da er bis zum Mittag nicht kam, suchte ich ihn auf. Er saß gerade beim Mittagessen und versicherte, er käme, sobald er fertig wäre.

»Wissen Sie was?«, sagte ich. »Ich warte hier auf Sie.«

Stucks beendete in aller Ruhe seine Mahlzeit, stand auf, gähnte und streckte sich. Es täte ihm leid, sagte er, aber er sei gewohnt, nach dem Essen ein wenig zu schlafen. Damit verschwand er im Nebenzimmer. Ich blieb sitzen.

Um sieben Uhr abends vertraute mir Frau Stucks an, dass ihr Gatte längst das Haus verlassen habe, durch die Hintertür. Aber wenn er zurückkäme, würde sie ihm sagen, ich hätte auf ihn gewartet. Allmählich wurde mir bewusst, dass dieses ewige Hin und Her zwischen meinem und seinem Haus zwecklos war. Ich beschloss, bei Stucks sitzen zu bleiben.

Um neun Uhr abends kam er und bedauerte, wegen der Hitze völlig vergessen zu haben, dass es mich überhaupt gab.

»Was wünschen Sie von mir?«, fragte er.

»Herr Stucks«, sagte ich, »wenn Sie nicht zu uns kommen wollen, dann sagen Sie's doch. Ich kann meinen tropfenden Wasserhahn ja auch von einem anderen Installateur reparieren lassen.«

Stucks war betroffen. »Aber warum sollte ich nicht kommen?«, sagte Stucks. »Das ist ja mein Geschäft. Davon lebe ich.« Und er gab mir sein Ehrenwort, dass er morgen um sieben Uhr zur Stelle sein würde.

Mein Instinkt trieb mich bereits um sechs zu seinem Haus. Ich fing ihn gerade noch ab, als er es verließ. Er sei zu einer Reserveübung seiner Truppeneinheit einberufen worden, sagte er.

»Ich gehe mit Ihnen«, sagte ich.

Auf dem Übungsplatz ließ ich ihn nicht aus den Augen. Wir übten zusammen, entschärften einige Minen und entfernten uns gemeinsam.

»Gehen Sie ruhig nach Hause«, sagte er. »Ich ziehe nur rasch meine Zivilkleider an und komme nach.«

Als er mir nach fünf Stunden noch nicht nachgekommen war, ging ich zu ihm, fand ihn jedoch nicht vor. Seine Frau versprach mir, ihm von meinem Besuch zu erzählen.

Am nächsten Morgen kaufte ich einen Revolver, ging zu Stucks und wartete. Zu Mittag kam er nach Hause, nahm die übliche Mahlzeit ein und machte sich zum üblichen Nickerchen bereit. Ich fragte ihn, ob er etwas dagegen hätte, wenn ich seinen linken Arm mit einer Handschelle an meinen rechten fesselte. Nein, sagte er, er habe nichts dagegen.

Wir schliefen etwa eine Stunde und machten uns

dann auf den Weg zu meinem Haus. Plötzlich befreite sich Stucks und rannte davon. Ich schickte ihm eine Salve nach. Er erwiderte das Feuer. Als ihm die Munition ausging, kam er mit erhobenen Händen auf mich zu, begleitete mich ohne weiteren Widerstand und reparierte den Wasserhahn.

Gestern begann der Hahn wieder zu tropfen.

Alarm

Um eins in der Nacht wachte ich auf, weil draußen ein verwundeter Löwe brüllte. Das Brüllen hielt an, immer in derselben furchterregenden Tonstärke. Es kam aus der Wäscherei im Parterre unseres Hauses. Ich weckte die beste Ehefrau von allen.

»Hörst du das?«, schrie ich ihr ins Ohr.

»Alarm«, murmelte sie, ohne die Augen zu öffnen. »Sie rauben die Wäscherei aus.«

Diese Erklärung leuchtete mir ein. Ich vergrub meinen Kopf in den Kissen und versuchte weiterzuschlafen, fand aber keine Ruhe bei dem Gedanken, dass sich in der Wäscherei möglicherweise auch unsere eigene Wäsche befände, und wer weiß, was ihr zustoßen würde.

»Weib«, rief ich aufs Neue, »was sollen wir tun?«

»Im Badezimmer liegt Ohropax. Hol auch welches für mich.«

Ich trat ans Fenster. Vor der Wäscherei stand ein weißer Kombiwagen mit aufgeblendeten Scheinwerfern. Die Alarmanlage heulte wie verrückt. Ich schloss das Fenster und sah, dass auch andere Fenster im Häuserblock geschlossen wurden. Der Lärm war unerträglich.

Kaum hatten wir unsere Ohren verstopft, ging das Telefon. »Entschuldigen Sie«, sagte eine heiser gedämpfte Stimme. »Ich habe Sie soeben am Fenster gesehen. Es ist die Wäscherei, nicht wahr?«

»Ja. Ein Einbruch.«

»Schon wieder?«

In den vergangenen Monaten war nämlich schon viermal in der Wäscherei eingebrochen worden. Einmal hatten sie die Eisentür mit großen Hämmern zertrümmert. Dieser primitive Vorgang nahm anderthalb Stunden in Anspruch und machte solchen Lärm, dass die Bewohner der umliegenden Häuser beinahe taub wurden. Dann räumten die Einbrecher den ganzen Laden aus, bis zum letzten Paar schmutziger Socken.

Am nächsten Tag ließ der Besitzer der Wäscherei, der alte Herr Wertheimer, einen Spezial-Stahlrollbalken anbringen, den die nächsten Einbrecher mühsam durchsägen mussten. Das dauerte mehrere Stunden und war eine fürchterliche Qual für die Nerven aller, die es hören mussten. Man fragte sich, wie die Einbrecher dieses entsetzliche Geräusch überhaupt ertragen konnten, aber sie ertrugen es. Daraufhin bestellte der alte Wertheimer ein elektronisches Alarmsystem modernster Machart, mit infraroten Fotozellen und einem hochempfindlichen Fangnetz, das bei der leisesten Berührung die Alarmglocke in Betrieb setzte.

»Warum stellen sie das verdammte Zeug nicht ab, wenn sie schon einmal drin sind?«, fragte mein heiserer Anrufer. »Sie müssten ja nur die Drähte durchschneiden. Ich werde mich beim Bürgermeister beschweren. Ich bin Steuerzahler und brauche meinen Schlaf.«

»Gehen Sie in die Apotheke«, empfahl ich, »und kaufen Sie sich diese Wachsdinger für die Ohren.«

»Hab ich schon. Sie helfen nicht.«

»Dann weiß ich keinen Rat. Wer spricht denn eigentlich?«

Mein Partner legte auf, ohne zu antworten. Entweder wollte er in die Angelegenheit nicht verwickelt werden oder er wollte mit einem Menschen, der ihm keinen Rat geben konnte, nichts zu tun haben.

Ich trat wieder ans Fenster. Vor der Wäscherei stand ein Mann auf den Schultern eines anderen und hantierte mit einem Messband. Sie waren also noch nicht ins Innere der Wäscherei gelangt. Die Alarmanlage heulte.

»Wie wär's mit einem Sandwich?«, fragte ich, aber die beste Ehefrau von allen gab keine Antwort, denn sie schlief. Wie sie das fertigbrachte, weiß ich nicht. Ich konnte sie nur stumm beneiden.

Es klopfte an der Tür. Mein Nachbar Felix Selig stand da, in einem rosa Pyjama und mit roten Augen. Ich bat ihn herein.

»Was glauben Sie, Selig? Wird das die ganze Nacht so weitergehen?«

In Sachen Elektrizität ist Felix Selig ein wirklicher Fachmann. Er kann zum Beispiel durchgebrannte Sicherungen auswechseln. Die jetzt entstandene Situation erklärte er mir so, dass die Alarmanlage nach einigen Minuten aufhören würde, wenn sie auf eigenen Batterien liefe, aber wenn sie direkt an das städtische Versorgungsnetz angeschlossen sei, dann stünde es schlecht um unsere Nachtruhe.

»Vor ein paar Wochen, bei dem Einbruch in der großen Möbelfabrik im Norden von Tel Aviv«, berichtete

Felix, »gingen drei japanische Alarmsysteme 48 Stunden lang in voller Stärke und hörten erst auf, als die Drähte geschmolzen waren. Aber da hatten die Einbrecher schon längst das Lager ausgeraubt und auf gestohlenen Lastwagen weggeschafft.«

Die Wäschereisirene hörte nicht auf zu heulen.

Es gäbe, so erfuhr ich von Felix, einen neuen Plastikstoff, mit dem man die Fenster nicht nur gegen Zugluft, sondern auch gegen Lärm abdichten könne. Er würde mir ein Muster beschaffen, sagte er. Von seinem jüngeren Bruder, der die Tochter des Abteilungsleiters vom Supermarkt geheiratet hatte. Das junge Paar sei erst vor Kurzem von einer Reise nach dem Fernen Osten zurückgekommen. Soll ein fabelhaftes Erlebnis gewesen sein, sagte Felix.

Draußen hatte sich noch ein zweiter Lärm zu dem des Alarmsystems hinzugesellt. Die Einbrecher versuchten sich mit Schweißgeräten Eingang zu verschaffen.

Ein paar müßige Nachtschwärmer standen herum und beobachteten das Geschehen, wobei sie ihre Finger in die Ohren steckten.

Ich fragte Felix, wieviel seiner Meinung nach die Versicherung in einem solchen Fall zahlen würde. 50 bis 60 Prozent des entstandenen Schadens, meinte er. Netto.

Wie man hört, will der alte Wertheimer die Wäscherei verkaufen. Es ist zuviel für ihn.

An einem gegenüberliegenden Fenster sahen wir Frau Suschitzky auftauchen. Sie schrie etwas hinunter, was wir des Lärmes wegen nicht hören konnten. Der Fahrer des Kombiwagens stieg aus und schrie etwas zurück. Selig wollte verstanden haben: »Was haben Sie gesagt?«

Man sah Frau Suschitzky noch einmal aufschreien und dann das Fenster schließen.

Plötzlich erfolgte eine donnernde Explosion. Flammengarben schossen in den Himmel über Tel Aviv. Dann war es ruhig. Tatsächlich: ruhig. Auch die Alarmanlage hatte dran glauben müssen. Höchste Zeit.

»Komm schlafen«, flüsterte die beste Ehefrau von allen.

Ich zog die Decke über beide Ohren. Draußen dämmerte der Morgen. Wir werden uns dann eine andere Wäscherei suchen.

Kleine Spende – großer Dank

Jossele ließ unverkennbare Anzeichen von Nervosität erkennen, und das geschieht selten. Allerdings hatte er bisher auch nur selten Gelegenheit, eine neue Wohnung einzuweihen, noch dazu seine eigene.

Es war also wirklich ein feierlicher Anlass.

Der Hauseigentümer durchschnitt das blau-weiße Band am Treppenansatz, zwei strahlende Vertreter des Wohnungsamtes applaudierten, und während ein Nachbar auf seiner Ziehharmonika »Machen wir's den Schwalben nach, bau'n wir uns ein Nest« erklingen ließ, strömten die 78 Spender aus aller Welt durch die Eingangstür.

Eine beleibte Dame in einem breitkrempigen Strohhut blieb an der Schwelle stehen und betrachtete liebevoll die Metallplatte, die den linken Türflügel zierte: »Diese Tür ist ein Geschenk von Mrs. Sylvia R. Weinreb, Boston, Mass.«

Neben ihr war ein älteres Ehepaar damit beschäftigt, ein Messingschild auf Hochglanz zu polieren: »Die Türklinke spendeten Samuel und Matilde Ginsberg, San Francisco, Calif., zur Erinnerung an die Geburt ihres zweiten Enkelkindes Susan Veronica, Schwesterchen von Douglas Michael, mögen sie beide leben und gedeihen.«

Jossele offerierte auf einem Tablett belegte Brötchen und prostete von Zeit zu Zeit einem seiner Wohltäter zu. Als er einmal kurz bei mir anhielt, zitterte seine Stimme vor Rührung.

»Schau dir all die hochherzigen Menschen an! Ohne sie hätte ich mir niemals ein Heim schaffen können. Dabei kennen sie mich nur brieflich. Es ist überwältigend ...«

Der Text des vervielfältigten Briefs, den Jossele in einigen hundert Exemplaren hauptsächlich nach Amerika verschickt hatte, lautete: »Liebe Brüder und Schwestern in der Diaspora! Ungeachtet unserer wirtschaftlichen Schwierigkeiten und der ständig steigenden Ölpreise soll es nunmehr auch dem einfachen Mann ermöglicht werden, jenes Recht auszuüben, das jedem guten Juden zusteht: durch eine einmalige Geste seinen Namen in Israel zu verewigen. Bisher ist dieser Vorzug nur den oberen Zehntausend zuteil geworden, die reich genug sind, um mit Geld prunkvolle öffentliche Bauten, Museen und Talmudschulen errichten zu lassen. Das ändert sich jetzt. Zu meiner aufrichtigen Freude darf ich Ihnen mitteilen, dass Sie sich ab sofort für die Aktion ›Kleine Spende – großer Dank‹ eintragen können, die darauf abzielt, auch geringe Beweise von Gebefreudigkeit mit eindrucksvollen Anerkennungszeichen zu belohnen.«

Die Wirkung seines Rundschreibens war über Josseles kühnste Erwartungen weit hinausgegangen. Er hatte eine sorgfältige Auswahl unter den Bewerbern treffen müssen.

Plötzlich erklangen lautstark empörte Rufe aus der »Sonnenschein-Halle«, wie das Badezimmer hieß.

Einer der Gäste deutete auf eine Metallplatte: »Dieses Badezimmer wurde dank der Generosität von James B. Sonnenschein, Buffalo, N.Y., mit Kacheln ausgelegt«, sagte die Inschrift.

»Es ist ein Skandal!«, tobte Herr Sonnenschein. »Unser Vertrag hat eine künstlerische Bronzeplatte vorgesehen, 18 x 25, an auffälliger, gut beleuchteter Stelle anzubringen. Und das?!«

Herrn Sonnenscheins Empörung war begründet. Sie galt einer direkt über der Badewanne prangenden Marmortafel, die seine Bronzeplatte pompös verdeckte: »Für alle Zeiten trage diese Wanne den Namen des Ehepaars Max und Bella Kaminsky, Chicago.«

Jossele krümmte sich vor Verlegenheit. »Bitte, bedenken Sie die Platzschwierigkeiten, mit denen ich zu kämpfen habe. Ich muss in einer verhältnismäßig kleinen Wohnung achtundsiebzig Tafeln unterbringen ...«

Glücklicherweise rottete sich in diesem Augenblick die Philadelphia-Gruppe zusammen, um auf das Dach hinaufzusteigen und zu fotografieren. Ihr geistiger Führer, Rabbi Menachem Suk, nahm in stolzer Haltung seinen Platz vor der massiven Kupferplakette ein, deren Goldumrahmung in der Sonne glitzerte: »Die Fernsehantenne, die sich hier erhebt, dankt ihr Vorhandensein der brüderlichen Liebe einiger Bewohner der Stadt Philadelphia, Pa., namentlich den Damen Ruth Bialazurkevits und Martha Taubmann, den Herren M. J. Krupskind und I. T. Seligson sowie dem Ehepaar Berl und Golda Rosenbloom samt ihren Kindern John, Franklin, Evely, Harry und Daisy-May.«

Allmählich ging die Feier zu Ende, es gab keine Brötchen mehr, der Harmonikaspieler musste einer anderen Verpflichtung nachkommen, und Jossele klopfte ans Glas. In einer kurzen, herzlichen Ansprache dankte er allen Spendern, würdigte die Opferbereitschaft, mit der sie auf eigene Kosten angereist waren, um sich davon zu überzeugen, dass sie in Israel symbolisch Fuß gefaßt hatten, und verabschiedete sich von jedem Einzelnen mit Handschlag.

»Ich hätte sie alle küssen mögen«, sagte er hernach. »Alle. Bis auf einen.«

Und er führte mich in sein Schlafzimmer, wo sich meinem erstaunten Blick eine Messingtafel mit folgender Inschrift darbot: »Diese Messingtafel stiftete Mr. Norman B. Goldberg, Bronx, N. Y.«

Gottes Hand und Josseles Fuß

Gestern bekam ich Nachricht von Jossele. Es war ein Anruf aus dem Krankenhaus: Er ließ mich bitten, ihn zu besuchen. Überflüssig zu sagen, dass ich mich sofort auf den Weg machte. Ich fand Jossele im Garten des Krankenhauses, bleich und niedergedrückt in einem Rollstuhl sitzend, ein Bild des Jammers. Und was mich am meisten erschütterte: Er hielt ein Gebetbuch in der Hand.

»Jossele!«, rief ich beklommen. »Was ist los mit dir? Ein Herzanfall? Oder sonst etwas Lebensgefährliches?«

»Nein, nichts davon.« Er schüttelte müde den Kopf, seine Stimme klang tonlos. »Aber was mir am Montag passiert ist, hat mich davon überzeugt, dass es eine göttliche Gerechtigkeit gibt.«

»Bitte, erklär dich genauer«, sagte ich und setzte mich neben ihn.

Jossele holte tief Atem. »Mein Wagen war in einer Reparaturwerkstatt, und das Schicksal ereilte mich in einem städtischen Omnibus«, begann er. »Linie 33. Montag. Zur Stoßzeit. Und wahrlich, ich habe gestoßen. Mit Händen, Füßen und Ellbogen habe ich mir einen Sitz erkämpft. Und kaum saß ich, pflanzte sich irgendein alter Idiot vor mir auf und begann sich völlig ungefragt über mich zu äußern. Er äußerte sich abfällig. Es sei ein Skandal und eine Schande, ein junger, gesunder Mensch wie ich bleibe sitzen, und ein alter, kränklicher Mann wie er muss stehen. Ich reagierte nicht. Die Leute sollten mich für einen Neueinwanderer halten, der die Landessprache noch nicht versteht. Der Alte schimpfte weiter, erging sich in immer heftigeren Missfallenskundgebungen über die heutige Jugend im Allgemeinen und mich im Besonderen. Ich blieb ungerührt.

Es fiel mir gar nicht ein, meinen bequemen Sitz gegen einen Stehplatz im Gedränge einzutauschen. Unterdessen hatten die Hetzreden des Alten den ganzen Bus gegen mich aufgebracht. Plötzlich packte er mich am Kragen, riss mich hoch und setzte sich unter dem Jubel der Menge auf meinen Platz. Jetzt war der Augenblick gekommen, allen eine Lektion zu erteilen. Ich schwankte, hielt mich nur mühsam aufrecht und bahnte mir stöhnend den Weg zum Ausgang, wobei ich mit schmerzverzerrtem Gesicht das rechte Bein nachschleppte.

Über den Bus fiel verlegenes Schweigen, das von beschämtem Geflüster abgelöst wurde. ›Der arme Kerl‹, flüsterte es ringsum. ›Ist gelähmt … hat ein krankes Bein … kann sich kaum bewegen … und dieser alte Trottel verjagt ihn von seinem Sitz. Ein Egoist! Ein Unmensch! Pfui!‹ Es fehlte nicht viel, und sie wären über ihn hergefallen. Einige standen auf, um mir ihren Sitz anzubieten. Ich winkte mit müder Märtyrerstimme ab. Und da ich sowieso am Ziel war, bereitete ich mich unter neuerlichem Stöhnen zum Aussteigen vor.«

»Gut gemacht!« Ich nickte anerkennend. »Und dann?«

»Dann«, sagte Jossele, »bin ich auf dem Trittbrett ausgerutscht und hab mir das Bein gebrochen.«

Damit wandte er sich wieder seinem Gebetbuch zu.

Alarm und Seelenfrieden

Seit die schlechten Nachrichten, die wir regelmäßig zum Frühstück bekommen, um den täglichen Einbruchdiebstahl bereichert wurden, hat sich der Lebensstil unserer Gartenvorstadt deutlich gewandelt. Die Menschen trauen sich nicht mehr, ihr Haus zu verlassen. Sie fürchten, es könnte während ihrer Abwesenheit ausgeraubt werden – wie das erst unlängst Herrn Geiger geschah. Er hatte ein halbes Dutzend Eier eingekauft, und als er zurückkam, fehlte in seiner kahlgeplünderten Wohnung sogar der Kühlschrank. Bei der jetzt herrschenden Hitze ist so etwas sehr unangenehm.

Die Einbrecher waren in einem Fernlaster vorgefahren und durch die kunstvoll geöffnete Tür ins Innere des Hauses gelangt, ohne dass den Nachbarn etwas aufgefallen wäre. Sie hatten zwar das Verladen der Möbel beobachtet, aber sie nahmen an, dass die Geigers umziehen würden, und um solche Dinge kümmerten sie sich nicht.

Auch als der Einbruch in das Haus der Familie Melnitzky erfolgte und der Wachhund minutenlang bellte, begnügten sie sich damit, ihn zu beschimpfen. Wahrscheinlich ist das verdammte Vieh wieder hinter einer Katze her, sagten sie.

Dabei konnte es nicht bleiben. Immer mehr Familien bekehrten sich zur Elektronik und versorgten ihre

111

Häuser mit garantiert einbruchssicheren Alarmsystemen. Schließlich war die Reihe auch an uns.

Natürlich griffen wir nicht nach dem erstbesten System, das uns unterkam. Nach gründlicher Marktforschung stellten wir fest, dass alle die gleichen Fanggeräte enthielten, die gleichen Fotozellen und das gleiche Überschallauge, das bei der geringsten verdächtigen Bewegung im Haus sofort zu zwinkern beginnt. Deshalb war entscheidend, welche Lieferfirma am schnellsten einen Reparaturfachmann schickt, wenn mit der Alarmanlage etwas nicht stimmt. Bei Tula & Co. dauerte das angeblich nicht länger als 24 Stunden. Wir entschieden uns für Tula & Co. Bald war unser Haus mit einem Gewirr von furchterregenden Drähten umgeben, das selbst den verwegensten Einbrecher abschrecken musste. Wohlgefällig besah Tulas Techniker sein Werk.

»Okay«, sagte er. »Hier kommt nicht einmal eine Fliege herein.«

Als Nächstes wurden wir über das absolut sichere Funktionieren der Alarmanlage informiert: Falls der elektrische Strom ausgeschaltet würde, träten die Batterien an seine Stelle, und im Falle untauglich gewordener Batterien käme ein eingebautes Notreservoir zum Tragen.

Was aber, wenn es kein Dieb ist, der unsere Schwelle überschreitet, sondern wir selbst, des Hauses Eigentümer?

Ganz einfach, antwortete Tula & Co. Die Alarmsirene trete immer erst nach fünfzehn Sekunden in Aktion, so dass wir Zeit genug hätten, sie abzustellen. Das wäre schon deshalb ratsam, weil wir andernfalls taub würden.

Seither sind wir im Bilde. Wenn in unserer Straße eine Alarmsirene aufheult, wissen wir, dass Frau Blumenfeld wieder einmal vergessen hat, die Anlage abzustellen.

Wir selbst fühlten uns völlig sicher und gingen noch am selben Tage aus. Unser Vertrauen hielt bis zur übernächsten Straßenecke an. Dann blieb die beste Ehefrau von allen stehen.

»Um Himmels willen«, flüsterte sie. »Ich weiß nicht, ob ich den Alarm eingeschaltet habe …«

Wir sausten zurück, fanden alles in bester Ordnung und machten uns glücklich auf den Weg.

Als wir im Restaurant die Speisekarte studierten, durchfuhr mich plötzlich eine Art telepathischer Botschaft: »Falscher Alarm, falscher Alarm!«

Atemlos langten wir zu Hause an. Tatsächlich: Die ganze Nachbarschaft hatte sich versammelt, Wattepfropfen in den Ohren und Flüche auf den Lippen. Besonders erbittert war unser Nachbar Felix Selig, dem seine Gäste davongelaufen waren, weil sie den ohrenbetäubenden Lärm nicht ertrugen. Wir baten ihn um Entschuldigung, die er uns nicht gewährte, und betätigten den Notruf zu Tula & Co. Der Reparaturfachmann entdeckte binnen Kurzem die Ursache des Betriebsunfalls: Unser Telefon hatte geklingelt und mit seinem Signal die Sirene aufgeweckt. Künftig sollten wir vor jedem Verlassen des Hauses den Telefonstecker herausziehen und zur Sicherheit auch den Fernsehapparat lahmlegen.

Am folgenden Abend gingen wir ins Kino, die ganze Familie. Der Film war auch für unsere Kleinen geeignet, ein Krimi, aber nicht zu kriminell. Gerade als es spannend zu werden versprach, griff die beste Ehefrau von allen mit zitternder Hand nach meinem Oberarm. Auch ihre Stimme zitterte.

»Ephraim ... ich ... das Telefon ... ich bin nicht sicher, ob ich den Stecker herausgezogen habe ...«

Mit einem Satz war ich im Foyer, rief Felix Selig an, entschuldigte mich für die Störung und fragte ihn, ob er vielleicht einen Lärm hörte ähnlich dem gestrigen.

Nein, es sei nichts zu hören, sagte er.

Zufrieden schlich ich auf meinen Sitz zurück und versuchte, den unterbrochenen Spannungsfaden aufzunehmen.

Zehn Minuten später wiederholte ich meinen Anruf. Man kann nie wissen.

Felix antwortete unverändert negativ, nur ewas gereizt. Beim dritten Mal hob er gar nicht erst ab. Ein klassischer Fall von guter Nachbarschaft.

Leider habe ich nicht mehr erfahren, wer der Mörder war, denn wir verließen das Kino vor Schluss des Films und rasten in polizeiwidrigem Tempo nach Hause. Friedliche Ruhe empfing uns. In unserer Erleichterung vergaßen wir den Fünfzehn-Sekunden-Spielraum, was uns dann die beruhigende Gewissheit verschaffte, dass die Alarmanlage nichts von ihrer Lautstärke eingebüßt hatte.

Einige Tage später waren wir zu Besuch bei den Spiegels, unseren alten Freunden. Mitten bei der hausgemachten Eiscreme überkam mich wieder eine telepathische Zwangsvorstellung. Ich ließ die Eiscreme schmelzen, sprang in den Wagen und fuhr heim. Es war nichts.

Um diese Zeit begann ich das Publikum in öffentlichen Lokalen zu beobachten. Wenn ich beispielsweise an einem Kaffeehaustisch zwei Leute sitzen sah, die nervös um sich blickten und bei jedem stärkeren Laut zusammenfuhren, dann wusste ich: Die haben zu Hause ein einbruchssicheres Alarmsystem.

Es kam der Tag, an dem wir ein Opern-Abonnement hatten.

»Wir werden das Zeug abschalten«, entschied die beste Ehefrau von allen. »Draußen regnet's. Bei diesem Wetter bricht niemand ein.«

»Wozu brauchen wir dann überhaupt eine Alarmanlage?«, fragte ich.

»Für unseren Seelenfrieden«, antwortete sie. Und sie hatte recht, wie immer. Der Gedanke an die ausgeschaltete Sirene versorgte uns mit Gelassenheit für drei Arien und ein Rezitativ. Dann war's vorbei.

»Jetzt!«, zischte meine entschlusskräftige Lebensgefährtin. »Jetzt, in diesem Augenblick, wird bei uns eingebrochen!«

Auch ich konnte es ganz deutlich fühlen. Berufseinbrecher wissen aus Erfahrung, dass der durchschnittliche Alarmsystembesitzer am elften Abend das Haus verlässt, ohne die Sirene einzuschalten. Sie zählen die Tage, sie warten, sie lauern, und wenn es soweit ist – mit einem Wort: Wir fuhren nach Hause. Und fanden alles in Ordnung. Unsere Nerven und unser ganzer Gesundheitszustand begannen allmählich Verfallserscheinungen aufzuweisen.

Dem Tula-Techniker war dergleichen nicht neu. Einige seiner Kunden, erzählte er uns, hätten Wächter gemietet, die vor dem Haus patrouillierten und im Fall eines falschen Alarms nach dem Rechten sähen.

»Großartig!«, gab ich hämisch zurück. »Das kann ich ja selbst, vor meinem Haus auf und ab gehen.«

Es wurde von Tag zu Tag schlimmer. Gestern begann die Sirene zu heulen, als der Postbote über einen lockeren Draht stolperte. Meine arme Frau geriet an den Rand eines Nervenzusammenbruchs. Sie heulte inzwischen bei jeder Gelegenheit. Man musste etwas unternehmen.

»Ich hab's«, sagte ich. »Wir werden ganz einfach nicht mehr ausgehen, und die Sache ist erledigt.«

So geschah's, und so hat unsere kostspielige Alarmanlage das Einbrecherproblem endgültig aus der Welt geschafft. Besser mit der Möglichkeit eines Raubüberfalls leben als in der ständigen Furcht vor einem falschen Alarm. Wir rühren uns jetzt nicht mehr aus unseren vier Wänden, weder bei Tag noch bei Nacht.

Traktat über
die Nächstenliebe

Es gab einmal Zeiten, da wurde ich noch gefragt, wie es mir geht. Ich pflegte mit gewinnendem Lächeln zu antworten: Danke, es geht mir ausgezeichnet, mein neues Buch verkauft sich wie warme Semmeln, mein Golfspiel wird immer besser, und gestern habe ich 50 Pfund im Toto gewonnen. Aber statt mich daraufhin zu lieben, reagieren die Leute mit einem brummigen Soso, und ich sollte aufhören, wie ein Besessener hinter dem Geld herzujagen.

Mit anderen Worten: Sie wollen nichts mit mir zu tun haben. Besonders in der letzten Zeit. Genauer gesagt, in den letzten vierzig Jahren.

Schön, sagte ich mir, wenn ich schon keine Freunde gewinnen kann, will ich wenigstens Bekannte gewinnen, ein paar belanglose Gesprächspartner für ein nichtssagendes Geplauder.

»Ich darf mich wirklich nicht beklagen«, beginne ich den unverbindlichen Gedankenaustausch. »Gestern habe ich mein Opernlibretto fertiggestellt und nächste Woche fliege ich mit meiner Familie nach Tahiti.«

»Übertreiben Sie's nicht«, antworten die Belanglosen eisig. »Auch Sie werden nicht jünger.«

Damit entschwinden sie und weichen mir von Stund an in weitem Bogen aus. Kein Mensch will etwas von mir wissen. Ich bin einsam und verlassen wie

Israel in der Vollversammlung der UNO. Manchmal habe ich mich schon selber gefragt: »Ephraim, altes Haus, wie geht's dir?« – nur um mir vorzuspiegeln, dass sich jemand für mich interessiert. So lagen die Dinge, bevor ich mir die große Zehe einklemmte.

Ich war vom Supermarkt nach Hause gekommen, hatte beide Arme voll mit Flaschen und Konservenbüchsen, konnte die Haustür nicht öffnen und versetzte ihr einen Tritt. Sie gab mir den Tritt sofort zurück und verwandelte meine große Zehe in eine bläuliche, breiige Masse.

In diesem Augenblick erschien mein Nachbar Felix Selig, der seit zwei Jahren kein Wort mit mir gesprochen hatte.

»Was ist passiert, um Himmels willen?«, fragte er teilnahmsvoll.

Ich deutete mit schmerzverzerrtem Gesicht auf meinen Fuß.

Felix schleppte mich in meine Wohnung, bettete mich auf die Couch, mixte mir einen Drink und blieb, bis meine Frau nach Hause kam.

Das gab mir zu denken.

Als ich eine Woche später wieder gehen konnte, traf ich auf dem Postamt Frau Blum, die sich sofort nach meiner Zehe erkundigte.

Ich machte eine wegwerfende Gebärde.

»Ach was, die Zehe … Viel schlimmer ist dieses schreckliche Stechen in der Hüfte.«

Frau Blum begleitete mich nach Hause.

»Sie müssen einen Arzt konsultieren«, empfahl sie

mir unter allen Anzeichen größter Besorgnis. »Wahrscheinlich haben Sie einen Nierenstein. Ts, ts, ts. Sehr unangenehm, was Ihnen bevorsteht. Sehr, sehr unangenehm.«

Und sie rief täglich an, um zu erfahren, wann ich operiert würde.

Allmählich begannen auch andere Menschen mir wieder Aufmerksamkeit zuzuwenden. Ich wartete ihre Fragen nach meinem Befinden erst gar nicht ab. »Es ist die Hölle«, erzählte ich ungefragt. »Dieser Stein bringt mich um den Verstand. Ich kann keine Zeile mehr schreiben. Morgen muss ich zum Röntgen.«

Ich gewann immer mehr neue Freunde. Aus purer Neugier sah ich in den einschlägigen psychologischen Lexika nach – nirgends fand ich einen Nierenstein erwähnt. Nichts als Stümper.

Um die Besonderheit meines Steines zu unterstreichen, gab ich ihm den Kosenamen Albert. Damit es »Ein Stein« bliebe.

Um meine neugewonnenen Freunde nicht zu enttäuschen und weitere anzulocken, schmückte ich meine Leidensgeschichte mit zusätzlichen medizinischen Katastrophen aus. Besonderen Anklang fand die Mitteilung, dass ich wegen der Nierenstein-Operation meinen neuen Film nicht drehen könnte.

Die beste Ehefrau von allen weigerte sich schließlich, für die täglich zahlreicher erscheinenden Freunde Kaffee zu kochen.

Mein Glaube an die Menschheit kehrte zurück. In den wenigen Stunden des Alleinseins begann ich eine gesellschaftskritische Abhandlung zu schreiben: »Wie erkranke ich erfolgreich?«, und ich untermauerte meinen Erfolg durch die rastlose Erfindung von Schicksalsschlägen.

Ich litt an Schmerzen im Rücken und im Becken, an Kreislaufstörungen und Steuerschulden, mein linkes Trommelfell hatte sich entzündet, ich stand vor dem Ruin, und als mir gar nichts mehr einfiel, setzte ich das Gerücht in Umlauf, dass meine Frau wegen Albert mit dem Basketballspieler Micky Berkowitz durchgegangen sei. Ich war beliebt wie nie zuvor.

Eine der Erfahrungen, die ich in dieser Zeit machen durfte, nenne ich »das Sandwich-Syndrom«: Man kann zwischen zwei Krankheiten eine dünne Schicht von Glück einlegen.

Das fiel mir auf, als ich zwischen einer Blinddarmoperation und einer vernachlässigten Scheinschwangerschaft mit einem Literaturpreis ausgezeichnet wurde, ohne dass man mich deshalb in Acht und Bann getan hätte.

Es war zu schön, um dauerhaft zu sein.

Eines Tages – die Schreibmaschine zittert unter meinen Fingern, während ich es zu Papier bringe – verspürte ich einen stechenden Schmerz im Unterleib. Der Doktor kam und diagnostizierte einen Nierenstein. Ich wandte mich vorsorglich an die beste Ehefrau von allen.

»Liebling, vielleicht solltest du dir bei unseren Nachbarn ein paar Sitzgelegenheiten ausborgen. Es werden sehr viele Besucher zum Kaffee kommen.«

Niemand kam. Kein Einziger meiner neugewonnenen Freunde zeigte sich. Wer vom Schicksal wirklich heimgesucht wird, hat keine Anteilnahme zu erwarten. Die Menschen bevorzugen erzähltes Unglück. Wahres Unglück schreckt sie ab.

Die Sache läuft

Ausnahmsweise saß ich allein in unserem Stammcafé. Nach einiger Zeit erschien Jossele, sichtlich in Eile.

»Möchtest du dich an einer geschäftlichen Transaktion beteiligen?«, fragte er, ohne sich hinzusetzen.

Ich bejahte instinktiv und wollte Näheres wissen.

»Darüber sprechen wir noch«, antwortete Jossele. »Ruf mich in einer Viertelstunde an, und wir setzen uns in einem anderen Lokal zusammen.«

Nach einer Viertelstunde rief ich an, und weitere zehn Minuten später traf ich ihn in einem anderen Lokal. Er versicherte mir, die richtigen Leute wären mit der Durchführung dieser Transaktion betraut und der Geldgeber hätte keinen Zweifel am Erfolg. Nur noch ein paar Kleinigkeiten wären zu klären, und da habe man eben an mich gedacht. Wir sollten, meinte Jossele, möglichst bald wieder zusammenkommen, um das alles genau zu besprechen. Er erwarte meinen Anruf.

Ich war nicht nur interessiert, ich war aufgeregt. So eine Gelegenheit kommt nicht jeden Tag. Lustige Geschichten für die Zeitungen schreiben, das ist schön und gut. Aber wenn einmal die richtigen Leute eine richtige Sache aufziehen, hat man endlich die Chance, das große Geld zu machen, und da muss man einsteigen.

Nach meinem nächsten Anruf bei Jossele wurde ein Treffen aller Partner in Bennys Bar vereinbart.

In Bennys Bar machte mich Jossele mit dem Rechtsanwalt Dr. Tschapsky und einem Geschäftsmann na-
mens Kinneret bekannt. Das Gespräch steuerte direkt
auf den Kern der Sache zu.

»Wir dürfen nicht zu lange zögern«, stellte Dr.
Tschapsky fest. »Sonst versäumen wir den Anschluss.
Die Voraussetzungen für eine solche Transaktion sind
in Israel gerade jetzt sehr günstig. Man weiß ja nie, wie
sich der Markt entwickelt.«

»Sie haben recht«, bestätigte ich. »Wovon sprechen
wir?«

Bereitwillig gab mir Herr Kinneret Auskunft. »Wir
sprechen von einer geschäftlichen Angelegenheit grö-
ßeren Umfangs, die sorgfältig geplant werden muss,
weil sie, wie jedes Geschäft, mit einem gewissen Risiko
verbunden ist. Deshalb würde ich vorschlagen, dass
wir zunächst einmal die personellen Aspekte überprü-
fen. Dann können wir sofort anfangen.«

»Womit?«, fragte ich.

»Mit der geplanten Transaktion. Wer von den Herren übernimmt die Aufgabe?«

Jossele erklärte meine Bereitschaft. Die anderen waren einverstanden. Ich sollte mich gründlich umsehen
und Jossele über das Ergebnis informieren. Einer neu-
erlichen Besprechung stünde dann nichts mehr im
Wege.

Ich machte mich sofort auf den Weg, sprach mit verschiedenen Leuten und fragte sie, was sie von der Sache hielten. Sie meinten, dass es zur Zeit im Grunde
auch noch einige andere aussichtsreiche Projekte gäbe.

Man müsste sich einmal zu einer unverbindlichen Aussprache zusammensetzen, meinten sie.

Ich telefonierte mit Jossele, und wir vereinbarten eine interne Konferenz in der Halle eines der großen Hotels.

Unsere Partner wollten als Erstes meine Eindrücke hören.

»Es sieht nicht schlecht aus«, berichtete ich. »Um die Sache zu konkretisieren, müssen wir uns allerdings darüber klar werden, was wir eigentlich wollen. Was wollen wir?«

»Wir wollen«, sagte Jossele, »vor allem die nötigen Bewilligungen einholen. Das ist wichtig.«

Dr. Tschapsky unterstützte ihn. »Stimmt. Und wie die Dinge liegen, kann ich nur sagen: je früher, desto besser.«

Herr Kinneret fragte mich nach meiner Meinung über die unmittelbaren Aussichten unseres Vorhabens. Ich sagte, dass wir alle Möglichkeiten bedenken sollten, um uns abzusichern.

Dr. Tschapsky nickte. »Das halte ich tatsächlich für das Beste. Nur nichts überstürzen.«

»Ganz meine Meinung«, bekräftigte Jossele.

»Dann können wir unsere heutige Sitzung als abgeschlossen betrachten«, sagte Herr Kinneret.

»Und um was handelt es sich?«, fragte ich.

Aber ich bekam keine Antwort mehr. In aller Eile wurde Lindas Strandcafé als Ort der nächsten Sitzung gewählt, und falls bis dahin etwas Unerwartetes geschähe, würden wir einander telefonisch verständigen.

Jedenfalls aber sollte ich Jossele anrufen. Ich rief ihn nicht mehr an. Meine Nerven versagten mir den Dienst.

Gestern abend sah ich Jossele in Gustis Café an einem anderen Tisch sitzen. Er unterhielt sich angeregt mit einigen Unbekannten, kam aber sofort zu mir.

»Wo steckst du denn, zum Teufel? Du kannst doch nicht mitten in einer Transaktion abspringen? Warum bist du nicht zu der Besprechung ins Strandcafé gekommen?«

»Was soll's, Jossele«, entgegnete ich müde. »Wozu wäre das gut gewesen?«

»Wozu? Das kann ich dir sagen. Damals wurde der Gewinn für jeden von uns auf 4000 Pfund fixiert.«

»Die Gewinnquote wovon?«

»Von unserer Transaktion.«

»Um was geht es bei dieser Transaktion?«

»So weit sind wir noch nicht«, fauchte Jossele. »Das wird sich rechtzeitig herausstellen. Hauptsache, die Sache läuft.«

Ich erhob mich wortlos, ging zur Telefonzelle und rief das Hadassa-Hospiz an. Unsere Wirtschaft sei krank, meldete ich. Das wüssten sie, erwiderte das Hospiz. Aber sie hätten im Augenblick keine Ambulanz frei.

Stille Post

Beim Verlassen des Hauses gesellte sich unser Wohnungsnachbar Felix Selig an meine Seite.

»Schon gehört?«, fragte er lauernd. »Haben Sie es schon gehört?«

»Was?«, fragte ich zurück. »Solange ich nicht weiß, was es ist, kann ich nicht feststellen, ob ich es schon gehört habe.«

Felix blieb stehen und sah sich um. »Schwören Sie, dass Sie es nicht weitersagen werden.«

»Abgemacht. Also?«

Die Stimme des Geheimnisträgers senkte sich zu kaum hörbarem Flüstern.

»Dieser Architekt um die Ecke … der mit dem Chevrolet … wissen Sie, mit wem er seine Freundin erwischt hat?«

»Nein. Mit wem?«

Felix schwieg. In seinen Gesichtszügen spiegelte sich der harte innere Kampf, der in ihm tobte.

»Ich habe Angst, es Ihnen zu sagen«, stieß er hervor.

»Warum denn?«

»Weil ich geschworen habe, dass ich es niemandem sagen würde – und jetzt steh ich da und sage es Ihnen. Wenn es sich herumspricht, gehen dreieinhalb Familien zugrunde oder mindestens auseinander. Man kann ja heute niemandem mehr vertrauen.«

»Das stimmt«, bestätigte ich. »Und das ist sehr

schlimm. Wir stehen vor einem schweren Problem, lieber Felix.«

Tatsächlich: Der schönste Tratsch über »Sie-wissen-schon-welche« Scheidung, über »Sie-können-sich-denken« warum, über »Sie-werden-es-nicht-glauben« seit wann – all dies verliert jeden Sinn, wenn man nicht seine Freunde, Verwandten, Bekannten und solche, die es werden wollen, brühwarm darüber informieren kann.

Zurückgehaltener Tratsch bedeutet geradezu ein Gesundheitsrisiko für den, der ihn zurückhält, führt zu Obstipationen und im Hinblick auf mögliches Bersten sogar zu einer Art Platzangst.

Dennoch verlangt eine altehrwürdige Regel, dass der Tratschinhaber den Tratschabnehmer zu völligem Schweigen verpflichtet, bevor er zu tratschen beginnt. Läppischer Unfug! Wozu tratscht man, wenn nicht zum Zweck der Weitergabe?

»Also geschworen haben Sie«, wandte ich mich an Felix. »Bei was haben Sie geschworen?«

»Bei allem, was mir heilig ist.«

Erfahrungsgemäß soll man sich beim Schwören an nichts Konkretes binden, weder an die eigene Gesundheit noch an ein bestimmtes Familienmitglied, es sei denn, man wünscht ihm den Tod. Empfehlenswert sind allgemein gehaltene Floskeln wie »Aber das versteht sich doch von selbst« oder »Nicht einmal meiner Frau« oder »Auf mich können Sie sich verlassen«. Ich für meine Person bevorzuge einen kurzen, in leicht gekränktem Ton vorgebrachten Hinweis auf meine oft bewährte Verschwiegenheit. Im äußersten Notfall setze ich das Leben meines Onkels Julius ein, er ruhe in Frieden.

»Nun?«, sagte Felix Selig. »Schwören Sie?«

»Nein.«

Ich weiß nicht, was da in mich gefahren war. Plötzlich widerstrebte es mir, das Spiel mitzumachen. Man darf füglich sagen, dass mein Verhalten einer Ein-Mann-Revolte gegen eine gesellschaftliche Konvention gleichkam.

»Wissen Sie, wer in die Affäre verwickelt ist?«, lockte Felix Selig. »Der Chauffeur eines Ministers!«

»Bitte reden Sie nicht weiter.«

»Ein Schwuler.«

»Ich will nichts hören. Ich kenne mich, Felix. Ich bin nicht imstande, den Mund zu halten. Ich werde meiner Schwester und meinem Freund Jossele davon erzählen, wahrscheinlich auch dem alten Wertheimer. Und wenn ich zwei Gläschen Wodka getrunken habe, kann es passieren, dass ich bei einer Verkehrsampel wildfremde Fußgänger in die Sache einweihe.«

Felix wand sich in Qualen.

»Dann nennen Sie wenigstens keine Namen!«

»Namen sind die Würze des Tratsches, Felix.« Ich konnte ihm nicht helfen.

»Aber der Gatte jener Dame, die in flagranti erwischt wurde, zählt zu Ihrem engsten Bekanntenkreis! Das muss Sie doch interessieren!«

»Wie Sie meinen. Reden Sie, wenn Sie unbedingt wollen. Ich habe mich auf nichts festgelegt, und Sie wissen es.«

»Versprechen Sie mir, eine Woche lang keinen Wodka zu trinken?«

»Ich verspreche Ihnen gar nichts.«

»Warum?«, stöhnte Felix. »Warum tun Sie mir das an? Was veranlasst Sie dazu?«

»Mein Ehrgefühl.«

Felix begann haltlos zu schluchzen. Ich klopfte ihm beruhigend auf die Schulter.

»Vielleicht wäre es am besten, wenn Sie die ganze Geschichte aufschreiben und in einem versiegelten Kuvert bei Ihrem Anwalt deponieren.«

»Der Architekt«, schluchzte Felix, »wollte den Chauffeur überfahren ... mit seinem Chevrolet ... weil er wusste, dass die geschiedene Frau des Ministers ... mit der Siamkatze, die eigentlich dem Schwulen gehört ...«

Ich hielt mir beide Ohren zu und wandte mich ab.

»Hören Sie auf! Kein Wort weiter! Ich erzähle alles, was Sie sagen, der Presse. Die Reporter werden ausschwärmen und jedes Detail recherchieren. Morgen weiß es die ganze Stadt.«

»Sie sind ein Schuft!«, brüllte Felix. »Sie tun, als wäre es Ihnen gleichgültig, mit wem die Freundin des Architekten ein Verhältnis hat!«

»Mit Benzion Ziegler«, replizierte ich trocken.

Felix glotzte.

»Wer ... wieso wissen Sie das?«

»Weil ich es Ihnen vor ein paar Wochen selber erzählt habe, Sie Idiot. Und damals haben Sie mir bei allem, was Ihnen heilig ist, geschworen, dass kein Wort davon jemals über Ihre Lippen kommen würde.«

Es dauerte ungefähr eine Minute, bis Felix sich gesammelt hatte.

»Richtig«, murmelte er verlegen. »Ich habe diese Geschichte schon so oft erzählt, dass mir die Quelle entfallen ist.« Plötzlich erhellte ein glückliches Lächeln sein Gesicht. »Aber dann breche ich ja gar kein Versprechen, wenn ich es Ihnen zurückerzähle! Also hören Sie.«

Arm in Arm setzten wir unseren Weg fort, und Felix sprudelte ungehemmt drauflos.

»Die Sache kam dadurch ins Rollen, dass Frau Ziegler bei der bewussten Dame anrief und dass eine männliche Stimme antwortete. Frau Ziegler legte auf, ergriff ihre Kamera, ihre Reitpeitsche und nahm sofort ein Taxi …«

Begierig schlürfte ich seine Worte. Wir gingen die ganze Geschichte nochmals durch, bis zum Ende. Es ist nicht zu glauben, wie komplexbefreiend derartige Gespräche wirken können.

Babysitter

Kürzlich, an einem subtropischen Abend, klingelte es an unserer Wohnungstür. Es war Jecheskel von gegenüber.

»Tut mir leid, Sie zu so später Stunde zu stören, aber ich würde Sie gerne um eine große Gefälligkeit bitten«, katzbuckelte mein Nachbar. »Wir bekamen eben zwei Freikarten zur Generalprobe eines Musicals geschenkt, aber wir können unseren Danny unmöglich allein lassen. Der Kleine ist erst sieben, und unser Babysitter will nicht kommen, weil die Klimaanlage kaputt ist. Daher wollten wir Sie herzlich bitten ...«

Ganz Großmut und gutnachbarliche Gefühle nahm ich einen spanischen Fächer aus der Vitrine und ging mit Jecheskel hinüber.

Frau Jecheskel war völlig überrascht über meine Hilfsbereitschaft, obwohl sie uns schon in Abendgarderobe erwartete. Ich wurde noch schnell in Kenntnis gesetzt, was ich alles zu tun hätte, falls der liebe Kleine aufwachen sollte. Dann gingen sie beruhigt in die Generalprobe.

Ich beschloss, bevor ich es mir mit einem Buch gemütlich machen wollte, schnell noch einen Blick auf den kleinen Danny zu werfen. Ich wollte wissen, welcher der kleinen fußballspielenden Lausbuben er war, die regelmäßig die Azaleen in unserem Garten zertrampelten.

Das Kind schlief friedlich im Bettchen, seinen Teddybären im Arm. Er hatte die Decke weggestrampelt.

Ich beugte mich pflichtbewusst über ihn, um ihn zuzudecken. Und weil es in seinem Zimmer ziemlich heiß war, drehte ich den elektrischen Ventilator an. An das Folgende kann ich mich nicht mehr genau erinnern.

Ich bekam einen schrecklichen Schlag, hörte mich aufschreien und fiel in Ohnmacht.

Als ich wieder zu mir kam, lag ich am Boden, und Klein-Danny beugte sich besorgt über mich. Auf meine Stirn hatte er einen nassen Waschlappen gelegt und zwischen meine Lippen eine Cognacflasche geschoben. Nach einiger Zeit konnte ich mich vorsichtig aufsetzen.

»Du hast einen elektrischen Schlag bekommen, Onkel«, beruhigte mich Danny. »Aber keine Sorge, du bist bald wieder o. k. Ich mach dir jetzt einen starken Kaffee.«

Er stellte Wasser auf, rief den Arzt an und fragte mich, ob es mir etwas ausmachte, einige Minuten lang allein zu bleiben. Nach kurzer Zeit kam er mit einer Schachtel milder Beruhigungstabletten zurück. Dann bettete er mich auf die Couch und blieb solange neben mir sitzen, bis ich einschlief. Als die Jecheskels nach Hause kamen und mich aufweckten, war ich ganz der alte.

»Wir wissen gar nicht, wie wir Ihnen danken sollen«, sprudelten sie vor Freude, »wir stehen tief in Ihrer Schuld.«

Ich sagte, es wäre nicht der Rede wert, ich hätte nur meine Pflicht getan, und wandte mich zum Gehen.

Im Flur hielt mich der kleine Danny auf. »Macht 120 Schekel, Onkel«, sagte er. »Der Nachttarif für einen Babysitter.«

Geteilte Rechnung

»Das ist alles nichts«, sagte Jossele, kaum dass wir in Gustis Café Platz genommen hatten, »jetzt erzähle ich dir meine Geschichte. Noch nie im Leben wurde ich so aufs Kreuz gelegt wie von dieser Person.«

Ich bestellte zwei große Mokka. Jossele nahm einen kräftigen Schluck.

»Sie hieß Libby«, begann er. »Ich lernte sie vor etwa zehn Tagen kennen und hatte den Eindruck, dass sie meine Zuneigung erwiderte. Wir gingen ein paarmal miteinander spazieren, und nach der Werbewoche lud ich sie ein. Ich schlug vor, mit einem Drink in einer kleinen, schummrigen Bar zu beginnen, dann wollten wir uns dieses neue Musical ansehen, und danach käme ein Dinner in einem erstklassigen Restaurant. Libby war einverstanden. ›Nur eines‹, sagte sie. ›Ich bin ein modernes Mädchen und möchte nicht, dass du für mich zahlst.‹ Ich erklärte ihr, es sei unter meiner männlichen Würde, jede Rechnung zu halbieren. ›Gut, Jossele, dann werden wir uns beim Zahlen abwechseln‹, entschied sie. Und damit fing das Unglück an.«

Jossele stürzte seinen Mokka hinunter, ehe er fortfuhr.

»Wir trafen uns in der Stadtmitte und fuhren im Bus zur Eden-Bar. Beim Einsteigen drehte sich Libby mit den Worten ›Damen haben Vortritt‹ zu mir um und löste zwei Fahrscheine zu je einem Pfund. In der Eden-Bar konsumierte sie einen französischen Cognac, drei Portionen Salzmandeln und fünf oder sechs dieser infam kleinen Brötchen, die sie mit noch einem französischen Cognac hinunterspülte. Obwohl ich mich auf einen heimischen Weinbrand und eine Handvoll Kartoffelchips beschränkte, zahlte ich zum Schluss etwas über 60 Pfund, weil ich an der Reihe war. Die Busfahrt zum Theater zahlte dann wieder Libby, so dass die Eintrittskarten für das Musical meine Sache waren. Sie kosteten – denn Libby ist ein wenig kurzsichtig und muss ganz vorne sitzen –, sie kosteten zusammen 100 Pfund. Die Garderobengebühr dagegen machte nur ein halbes Pfund für uns beide aus. Das erledigte Libby. Dann begann die Vorstellung. Der erste Akt gefiel mir recht gut. Tröstete ich mich doch insgeheim damit, dass ich die Busfahrt zum Restaurant zahlen würde und Libby, gemäß unserer Vereinbarung, das Abendessen.«

An dieser Stelle bat Jossele den Ober um ein Glas Wasser. Er hatte es nötig.

»Als es nach dem ersten Akt eine Pause gab, stand Libby auf. Wir sollten uns im Foyer ein wenig die Füße vertreten, meinte sie. Vergebens entgegnete ich, es wäre doch nur eine kurze Pause und wir säßen hier doch sehr gemütlich. Libby war schon unterwegs zum Buffet und verschlang genüsslich eine Mandeltorte. Der unverschämt hohe Preis störte mich weniger als die Tatsache, dass damit die richtige Reihenfolge durcheinandergeraten war. Beim Bakkarat nennt man das ›faute tirage‹, und wenn so etwas passiert, sind alle Spieler sehr erbittert. Auch ich war es. Denn jetzt würde Libby den Bus zahlen, und das Abendessen ... Da kam mir ein rettender Gedanke. ›Wie wär's mit einem Fruchtsaft?‹, fragte ich. Libby lehnte ab. Sie hätte keinen Durst. ›Aber ich‹, stieß ich geistesgegenwärtig hervor und stürzte ein Glas Orangeade hinunter. ›Zahl schön, Liebling‹, sagte ich nicht ohne Hohn. Libby zahlte. Da wir ein Land der Zitrusfrüchte sind, kostete die Orangeade nur ein halbes Pfund, was jedoch nichts daran änderte, dass ich den ganzen zweiten Akt im frohen Bewusstsein verbrachte, die Bustickets bezahlen zu können.

In der zweiten Pause kramte ich ein altes Fußleiden hervor und weigerte mich, ins Foyer zu gehen. Libby sah mich aus dunklen Augen mitleidig an. ›Macht nichts‹, sagte sie. ›Ruf den Eskimo-Jungen.‹ Den minderjährigen Knaben, der mit dem kreischenden Ausruf ›Eislutscher! Eislutscher!‹ den Mittelgang auf und ab lief. Und ich hatte immer geglaubt, dass Kinderarbeit bei uns verboten sei. Kurz und gut, ich zahlte den verdammten Eislutscher und habe daher keine Ahnung, was im letzten Akt passierte. Verzweifelt suchte ich nach einem Ausweg, der mir die Res-taurantrechnung ersparen würde. Mitten im Schlussapplaus durchzuckte mich eine Idee. ›Lass uns ein Programm kaufen‹, forderte ich Libby auf. ›Jetzt? Nach der Vorstellung?‹, wunderte sie sich. ›Ich möchte es mir zur Erinnerung aufheben‹, beharrte ich. Libby kaufte ein Programm. Und zahlte.«

Ein undefinierbarer Ausdruck verzerrte Josseles Gesicht. Hastig sprach er weiter.

»Noch während der Busfahrt, die ich planmäßig bezahlt hatte, fühlte ich mich wie ein König, und dieses Hochgefühl hielt auch in dem Schlemmerlokal an, in das wir gelangt waren. Ich bestellte eine Schildkrötensuppe, ein Kalbsteak à la Dauphinoise mit Spargel und gemischtem Salat, orderte sogleich den Nachtisch, eine Vanillecrème, Obst und Käse, und ließ mir, als ich die Rechnung verlangte, noch rasch eine Zigarre bringen, obwohl ich Nichtraucher bin. Libby, die das Essen kaum berührt hatte, saß bleich und schmallippig da, den bevorstehenden Schicksalsschlag erwartend. Und dann geschah es …«

Jossele verlangte nach einem zweiten Glas Wasser. Seine Stimme klang gepresst.

»Es geschah, dass genau in diesem Augenblick, gerade als ich in panischer Angst nochmals nach der Rechnung brüllte, diese Missgeburt das Lokal betrat, ein Hausierer, der Ansichtskarten feilbot. Ansichtskarten mitten in der Nacht. Libby ihn sehen und heranwinken, war das Werk einer Sekunde. Sie kaufte drei Ansichtskarten zu insgesamt 1 Pfund 20, während ich für den kulinarischen Genuss 214 Pfund auf den Tisch blätterte. Die Heimfahrt im Bus übernahm dann wieder sie. Und das ist noch nicht alles. Als ich sie im Haustor küssen wollte, schob sie mich sanft, aber entschieden von sich. ›Lass das, Jossele‹, sagte sie. ›Das ist eben der Grund, warum ich nicht will, dass man für mich zahlt.‹«

Antiquitäten

Ich weiß nicht, wie der Rest der Welt auf die Öffnung unserer Schnellstraße nach Sodom reagiert hat, über unsere Nachbarschaft senkte sich jedenfalls eine geradezu biblische Stimmung. Sodom hat Haifa, Eilat und Tiberias den Rang abgelaufen und die Herzen wie eine Sommergrippe erobert.

Und warum?

Es begann damit, dass sich unser Nachbar Gutwoche nicht länger beherrschen konnte, ein Taxi charterte und samt Familie einen Weekendtrip nach Sodom unternahm.

Am Samstagabend kehrten sie zurück, berauscht von dem einmaligen Erlebnis und mit wertvollen Schätzen beladen.

Gutwoche hatte nämlich erlesene Sodomsteine von 40 bis 50 Kilo Nettogewicht nach Hause geschleppt, seine Frau doppelt so viele. Unterwegs waren sie zwar mehrmals unter der historischen Last zusammengebrochen, aber nach einer wundersamen Genesung luden sie nun schon am nächsten Tag zu einer improvisierten Vernissage in ihre Villa ein.

»Das ist Urschwefel«, erklärte uns Gutwoche stolz, »und dort, das Weiße, das ist Rohsalz aus dem Toten Meer. Da drüben liegt ein Magnesium-Kristall, und hier sehen Sie echte Kupferasche sowie eine erlesene Auswahl der Bodenschätze von Sodom.«

Wir berührten andächtig das wundervolle Gestein, und ein heiliger Schauer durchlief uns. Mein Herz schlug bis zum Hals, und ich wurde von dem unstillbaren Verlangen erfüllt, Gutwoche aus dem Weg zu räumen und ihm seine Trümmer zu entreißen. Die anderen Besucher schienen mit ähnlichen Gedanken beschäftigt. Die Steine waren einfach überwältigend.

Seitdem ist in unserer Nachbarschaft kaum einer mehr zu Hause.

Alles pilgert gen Sodom, ob im Auto, auf Fahrrädern oder zu Fuß, um dort dem Steinesammeln zu frönen. Als Herr Reich vorgestern heimkam, war er zwar halbtot, hatte jedoch eine Salzsäule der Frau Lot ergattert.

Die Glücklichen, die daran lecken durften, bekannten, dass sie noch immer recht salzig schmeckte. Felix hatte sich einen Lastwagen gemietet und jetzt setzt er im Garten ein Mosaik aus seiner Wüstenbeute zusammen, das die Schlacht um Jericho in Originalfarben zeigt.

Ich musste umgehend auch etwas Sodomistisches unternehmen, wenn ich mein Gesicht in der Nachbarschaft nicht verlieren wollte. So schlich ich eines Nachts auf die benachbarten Baustellen und sammelte einen Sack voller Kieselsteine ein.

Vor den neugierigen Blicken der Nachbarschaft schleppte ich mich am Morgen mit meinem Sack nach Hause und schüttete meine Naturschätze vor den Eingang. Die Kiesel glänzten im Sonnenlicht wie die Edelsteine König Salomos.

»Herrschaften«, sagte ich mit belegter Stimme, »zieht eure Schuhe aus. Diese Schätze stammen aus Gomorrha.«

Alles warf sich auf die Knie, und seither bin ich der erste Gerechte Gomorrhas in unserer Nachbarschaft.

Der Eskimo-Effekt

Es war an jenem besonderen Dienstag, als Jossele, Schlomo, Rudi und ich wieder einmal in unserem Café saßen und wie üblich nicht wussten, was wir mit dem angebrochenen Abend beginnen sollten.

Nach einer Weile wandte sich Schlomo mit der bekannten Frage an uns alle: »Wie wär's, wenn wir irgendwohin essen gehen?«

Die allgemeine Zustimmung gipfelte in der Frage: »Ja, aber wohin?«

Es besteht kein Zweifel daran, dass diese Frage schon seit Längerem unsere Generation beschäftigt: Wohin gehen wir? In diesem Fall: Was ist aus all den guten Restaurants geworden?

Rudi raffte sich zu einem konkreten Vorschlag auf. »Versuchen wir's doch mit dem neuen rumänischen Lokal auf der Pferdestraße.«

»Ohne mich«, widersprach Jossele. »Eine unmögliche Kneipe. Miserables Essen, dreckige Tische, elende Bedienung. Dort kann man nicht hingehen.«

Schlomo bestätigte. »Stimmt. Das hört man von allen Seiten. Na, wir werden schon etwas finden.«

Damit erhoben sich die beiden und verschwanden in der Dunkelheit.

Als sie außer Sichtweite waren, stand auch Jossele auf. »So, und wir gehen jetzt zum Rumänen.« Ich wunderte mich. »Aber du hast doch gerade gesagt …«

Jossele schüttelte den Kopf und zog mich wortlos mit sich fort. »Der alte Pioniergeist ist tot«, erklärte er mir unterwegs. »Er wurde durch den sogenannten Eskimo-Effekt ersetzt, der seinen Namen dadurch hat, dass die Zahl der Eskimos in der Arktis ständig anwächst, während die Zahl der Seehunde, von denen sie leben, ständig abnimmt. Was kann man daraus schließen? Entdeckt ein Eskimo eine neue Seehundkolonie, so wird er das nicht weitererzählen, sondern wird seine Entdeckung für sich behalten. Noch mehr, er wird die anderen Seehundjäger in eine falsche Richtung schicken. Verstehst du, was ich meine?«

»Nein.«

»Ist doch ganz einfach. Wenn jemand in unserem kleinen Land ein halbwegs brauchbares Restaurant entdeckt, spricht sich das in längstens zwei Wochen herum, und die Entdeckung kann wieder gestrichen werden. Das Lokal ist überfüllt, heiß und laut. Du bekommst keinen Platz. Wenn du ihn trotzdem bekommst, musst du eine halbe Stunde lang warten, bevor du überhaupt bedient wirst, und dann eine weitere halbe Stunde zwischen jedem Gang. Du hast den Ellbogen deines Nachbarn in deinen Rippen, seine Gabel auf deinem Teller und sein Messer in deinem Rücken. Aus allen diesen Gründen muss der verantwortungsvolle israelische Bürger den Eskimo-Effekt anwenden. Er muss das von ihm entdeckte Restaurant in einen möglichst schlechten Ruf bringen, damit es nett und gemütlich und auf gutem kulinarischen Niveau bleibt. Als der bekannte Rabbinersohn Karl Marx vom Umschlag der Quantität in Qualität sprach, meinte er die rumänischen Restaurants. Verstehst du jetzt?«

»Allmählich.«

»Proletarische Wachsamkeit«, fuhr Jossele fort, »ist auch in anderen Zusammenhängen erforderlich. Zum Beispiel darfst du einen guten Zahnarzt niemals weiterempfehlen, oder du sitzt bald darauf stundenlang in seinem Wartezimmer. Und wenn du über den billigen Schneider, den du endlich gefunden hast, nicht in den wildesten Tönen schimpfst, wirst du ihn dir nach ein paar Monaten nicht mehr leisten können.«

»Jetzt fällt mir auf«, sagte ich nachdenklich, »dass meine Frau, wenn sie Freundinnen zu Besuch hat, immer darüber jammert, dass ihr Friseur nichts taugt.«

Jossele nickte. »Ein ganz klarer Fall von Eskimo-Effekt.«

Wir hatten die Pferdestraße erreicht. Gerade als meine Magennerven sich auf rumänische Spezialitäten einstellten, sahen wir zu unserer peinlichen Überraschung von der anderen Seite Rudi und Schlomo herankommen.

»Wieso seid ihr hier?«

Es war nicht festzustellen, wer von uns vieren das als Erster ausrief. Wahrscheinlich riefen es alle zugleich.

Was uns aber noch peinlicher überraschte, das Restaurant war geschlossen. Wir trommelten mit den Fäusten gegen den Rollbalken, vergeblich. Endlich tauchte in einem Fenster ein Bewohner auf.

»Hat keinen Sinn«, rief er uns zu. »Der Rumäne ist pleite gegangen. Alle Welt hat über den armen Kerl so schlecht gesprochen, dass keine Gäste mehr kamen. Und es war das beste Restaurant in der ganzen Stadt.«

Betrübt kehrten wir um.

»Wer hätte gedacht«, sagte Jossele nach längerem Schweigen, »dass es bei den Eskimos auch Bumerangs gibt?«

Kleingedrucktes

Vorigen Mittwoch wurde ich durch heftiges Klopfen an meiner Wohnungstür geweckt, das von noch heftigeren Fußtritten begleitet war. Von Neugier gepackt öffnete ich die Tür und fand ein bebrilltes Individuum, in dessen Windschatten zwei kräftige Möbelpacker herumlungerten.

»Guten Morgen«, sagte der Bebrillte, »wir kommen von der Immobilien-Bank, um Ihr Mobiliar wegzuschaffen.«

Ich fragte naturgemäß warum, worauf der Bebrillte mir ein Dutzend bedruckter Blätter unter die Nase hielt und mich fragte, ob die Unterschrift auf der gestrichelten Linie die meine wäre?

Ich erkannte sofort die Formulare, die ich vor zwei Monaten als Bürge für meinen Nachbarn Felix Selig unterschrieben hatte, weil er einen Kredit aufnehmen wollte. Leugnen half nichts, ich gestand.

»Na also«, verkündete der Bebrillte. »Hier auf Seite 9, unter der Klausel B 5, Ziffer 138 steht, ich zitiere: ›Ich, der Unterzeichnete, im Folgenden Bürge genannt, verpflichte mich, meinen gesamten Hausrat der Immobilien-Bank zu überlassen, wann immer die Direktion der oben erwähnten Bank den geeigneten Zeitpunkt dafür bestimmt.‹«

Mir brach der kalte Schweiß aus. Ich versuchte, die Vorgänge zu rekonstruieren. Ja, ich war zu irgendeinem Beamten in Felix Seligs Hausbank gegangen, um ihm zu sagen, dass es mein Wunsch wäre – Wunsch? –, für Seligs Kredit zu bürgen, worauf der Beamte etwa ein Kilo eng bedruckter Formulare auf den Tisch legte und befahl: »Unterschreiben Sie hier bitte … und hier … und jetzt da … und da und danke schön.«

Ob ich den Text gelesen habe?

Haben Sie, verehrte Leser, schon jemals an einem Bankschalter »Krieg und Frieden« gelesen?

»Also tun Sie Ihre Pflicht«, sagte ich dem Bebrillten mit belegter Stimme.

Die beiden Gewalttäter stürzten sich auf meine Möbel, und wenige Minuten später war meine Wohnung völlig leer. Sie waren gerade dabei, meinen allerletzten Lehnstuhl hinauszutragen, als ein hakennasiger Mensch mit einem Polizisten im Schlepptau des Weges kam.

»Ist das Ihre Unterschrift?«, fragte mich der Ordnungshüter, während er auf ein seriös wirkendes Papier hinwies, das ich nach einer Überquerung des Rothschild-Boulevards bei Rot unterschrieben hatte.

Ich identifizierte meine Unterschrift.

»Dann muss ich Sie bitten, mich zum Gericht zu begleiten«, sagte der Polizist, »damit Ihr Todesurteil verkündet werden kann.«

Ich blickte noch einmal auf das Papier. Er hatte vollkommen recht. Auf dem Rothschild-Zettel stand: »Der Angeklagte gesteht, in Tiberias einen Doppelmord begangen zu haben und wünscht gehängt zu werden.«

Natürlich hatte ich widerspruchslos auf der punktierten Linie unterschrieben.

»Wohlan denn«, flüsterte ich, »ich bin bereit.«

»Einen Moment noch«, sagte die Hakennase, »ich komme in Sachen Herz und Nieren«, und zeigte mir meine Unterschrift auf meiner Lebensversicherungspolice, Seite 12, Absatz 2, 65/d: »Der Versicherte ist verpflichtet, sowohl sein Herz als auch seine Nieren für jeden beliebigen Zweck zu spenden, den die Versicherungsgesellschaft bestimmt.«

Ich sagte: »Gut, meine Herren, lasst uns gehen, möge ich in Frieden ruhen.«

Das ist alles.

Mein Begräbnis findet morgen Mittag statt.

Notruf

Als ich kürzlich spätabends nach Hause kam, sah ich unseren Nachbarn Felix Selig vor dem Haustor mit einem maskierten Fremdling auf Tod und Leben kämpfen. Hier will ich der Ordnung halber vermerken, dass die rechte Hand des Maskierten ein Fleischmesser umklammerte, von dem sich mein Nachbar Felix nicht ganz zu Unrecht bedroht fühlte.

Wie von einem Nachbarn meiner Güteklasse nicht anders zu erwarten, wusste ich natürlich, was ich zu tun hatte: unverzüglich die nächste Polizeistelle zu benachrichtigen.

Ich stieg über die beiden hinweg, stürzte ins Haus, sprintete die Treppen hinauf, eilte grußlos an meiner Familie vorbei, ergriff das Telefon und wählte Eins-Null-Null. Am anderen Ende war sofort eine beruhigende, sonore Stimme zu vernehmen.

»Polizei.«

Ich brüllte in den Hörer, dass mein Nachbar Felix von einem Gangster bedroht werde, der mit einem riesigen Messer ...

»Einen Augenblick«, unterbrach mich Eins-Null-Null, »wer spricht dort?«

Ich sagte ihm, dass ich es wäre, worauf er nach meinem Namen fragte. Ich gab ihm meinen Namen durch. Er verstand ihn nicht.

»K wie Kamel«, brüllte ich, »I wie Ipsilon, S wie Sicherheit, H wie Höhenluft, O wie Oma und N wie Napoleon.«

»Wie was?«

»Wie Napoleon. Napoleon!«

»Welcher Napoleon?«

»Den französischen Kaiser meine ich.«

»Also K wie Kaiser.«

»Nein, Napoleon, mit N.«

»Entscheiden Sie sich, bitte.«

»Nena.«

»Ist sie Französin?«

»Nein.«

»Aber Sie haben vorhin einen französischen Kaiser erwähnt.«

»Vergessen Sie's.«

»Meinten Sie vielleicht Napoleon Bonaparte?«

»Ja, genau den.«

»Was ist mit ihm?«

»Er ist tot. Aber mein Nachbar noch nicht. Hoffentlich. Er wird von einem Gangster mit einem Messer bedroht.«

»Moment. Wie ist Ihr Vorname?«

Ich nannte meinen Vornamen.

»Die Polizei muss in diesen Dingen sehr genau sein«, erklärte mein Gesprächspartner. »Nur so ist es möglich, einen Anrufer später zu identifizieren, falls er die Polizei irregeführt hat.«

Ich versicherte ihm, ich hegte die ehrenhaftesten Absichten. Dann erkundigte sich Eins-Null-Null nach meinem Beruf. Und dann nach meiner Adresse.

»Ramat Gan«, sagte ich, »Reuvenistraße 64, Block 3, Tür 7.«

»Wo ist das?«

»Das ist sehr einfach«, erklärte ich ihm. »Sie fahren mit dem Bus 21 bis zum Friedhof, dort steigen Sie aus, biegen nicht die erste, nicht die zweite, aber die dritte Straße nach rechts ab, dann noch einmal nach rechts, dann gehen Sie geradeaus, bis Sie die großen weißen Häuser mit den hellgrünen Rolläden sehen. Das ist die Reuvenistraße.«

»Ja, ich kenne die Gegend. Warum erzählen Sie mir das eigentlich alles?«

»Lassen Sie mich einen Moment überlegen«, ich dachte nach. »Leider fällt es mir im Augenblick nicht ein. Ich habe es irgendwie vergessen. Bitte, entschuldigen Sie die Störung.«

»Nicht der Rede wert.«

In der Nacht, die auf Seligs Trauerfeier folgte, hatte ich einen Alptraum: Ich jagte mit einem Bluthund die Polizei. Vergeblich. Der Bluthund hieß Napoleon.

Mit Z wie Polizei.

Falsch geparkt
ist halb gewonnen

Jossele kam von der Ecke der Fruchtmann-Straße auf mich zugeeilt. »Entschuldige«, keuchte er. »Es hat so lange gedauert, ehe ich einen Parkplatz fand.«

Ich traute meinen Ohren nicht. Die Fruchtmann-Straße – eine schmale, sonnendurchglühte Häuserzeile und noch dazu eine Einbahn in entgegengesetzter Richtung – lag gute fünf Minuten von unserem Stammcafé entfernt.

Was veranlasste Jossele, den genialen Überwinder aller irdischen Schwierigkeiten, seinen Wagen gerade dort zu parken?

Wir hatten Gustis Café erreicht, ließen uns nieder, bestellten den üblichen Espresso und beobachteten den Nahen Osten in Aktion. Draußen wimmelte es von tatendurstigen jungen Polizisten, die ihre Tagesquote noch nicht erfüllt hatten und nach Parksündern Ausschau hielten. Tafeln mit Aufschriften wie ›Parken verboten‹, ›Halten verboten‹, ›Parken und Halten verboten‹ verschönten das Stadtbild. Eine schräg vor der Kaffeehausterrasse angebrachte Tafel ›Ladetätigkeit nur von 14–16 Uhr‹ erwies sich als besonders ertragreich und brachte der Regierung pro Stunde ungefähr 500 Pfund ein.

»Es gibt für den Staat keine bessere Investition als einen Verkehrspolizisten«, konstatierte Jossele. »Wenn so einer in der Stunde nur drei Strafmandate zu 80 Pfund ausschreibt, hat er nach zwei Tagen sein Monatsgehalt verdient, und der Rest ist Reingewinn. Kein Wunder, dass jetzt auch weibliche Kräfte eingestellt werden.«

»Hier liegt wahrscheinlich der Grund«, vermutete ich, »warum das Parkproblem in den großen Städten gar nicht gelöst werden soll. Das würde den ganzen Staatshaushalt über den Haufen werfen.«

Jossele erwog einen neuartigen Ausweg.

»Vielleicht sollte man für die Autofahrer Straf-Abonnements in einer bestimmten Höhe auflegen, so dass sie den Strafzettel selbst unter den Scheibenwischer stecken können, und wenn sie ihren Block verbraucht haben, kaufen sie einen neuen. Das würde den ganzen Vorgang vereinfachen und außerdem häßliche Zusammenstöße mit der Obrigkeit vermeiden.«

»Aber es würde Tausende von Polizisten beiderlei Geschlechts arbeitslos machen«, gab ich zu bedenken.

»Und was ist mit den Lückenwächtern?«

»Mit wem?«

Jossele erklärte mir diesen neuen Beruf. Die Lückenwächter, auch Parklochhyänen genannt, lungern am Randstein der dafür geeigneten Straßen herum, warten, bis ein Wagen wegfährt, stellen sich dann vor den freigewordenen Platz und winken jeden, der ihn zu benutzen versucht, mit einem barschen »Besetzt!« weiter – bis irgendein Idiot bereit ist, für die Benutzung zu zahlen. In der Umgebung der Herzl-Straße kassieren sie für einen amerikanischen Straßenkreuzer

20 Pfund, an Sonn- und Feiertagen 30. Mit dieser Gebühr sind auch Anweisungen wie »Links einschlagen ... noch ein Stückchen ... stopp!« abgegolten.

»Besser eine Parkhyäne als ein Strafmandat«, sagte ich. Jossele schüttelte den Kopf.

»Jetzt kennst du mich schon so lange und hast noch immer nichts gelernt. Was heißt da Strafmandat? Wenn man das Verhalten der israelischen Polizei studiert hat, braucht man kein Strafmandat zu fürchten. Angewandte Psychologie, weißt du. Ich parke grundsätzlich nur in engen Seitengassen, auf dem Gehsteig, mindestens dreißig Meter mit dem Rücken zur Hauptstraße, wo die Gesetzesaugen patrouillieren. Mein Wagen ist der einzige, den sie sehen, und zwar in beträchtlicher Entfernung von der Straßenecke. Wird der Hüter der Verkehrsgesetze jetzt vielleicht diese ganze Strecke zurücklegen und obendrein riskieren, dass er auf der Windschutzscheibe dann schon ein Strafmandat vorfindet? Er wird nichts dergleichen tun. Dazu ist er viel zu faul. Und dazu gibt es viel zu viele Parksünder, die es ihm bequemer machen. Komm. Ich will's dir beweisen.« Wir passierten ganze Reihen wütend hupender Autos, die nicht vorwärtskamen, und hatten alsbald die Fruchtmann-Straße erreicht. Tatsächlich, auf dem Gehsteig, in stolzer Einsamkeit, stand Josseles Wagen.

Mit einem Zettel unter dem Scheibenwischer.

Ein Strafmandat. Ein Strafmandat für Jossele. Das war ihm noch nie passiert. Er wurde blass. Ich konnte eine leise Schadenfreude nicht unterdrücken.

»Angewandte Psychologie, was? Zum Selbstkostenpreis von 80 Pfund, wie?«

»Wann wirst du endlich erwachsen werden, mein Kind«, brummte Jossele, sperrte den Wagen auf und ging weiter.

Ich folgte ihm, ohne zu fragen, was er vorhatte. Das würde sich ja bald genug herausstellen. Auf der nächsten Polizeiwachstube stellte es sich heraus.

»Inspektor«, meldete Jossele dem diensthabenden Organ, »irgendwo in Ihrem Rayon ist mein Wagen gestohlen worden. Wo, kann ich nicht genau sagen. Es war eine mir unbekannte Abzweigung der Dizengoff-Straße.« Und er gab noch einige weitere Aussagen zu Protokoll. Die Polizeistreifen empfingen über Sprechfunk die Anweisung, den gestohlenen Wagen zu suchen.

»Ich warte in Gustis Café«, verabschiedete sich Jossele.

Eine Stunde später hatten unsere Freunde und Helfer den Wagen gefunden. Er stand auf dem Gehsteig der Fruchtmann-Straße. Der Beamte, der ihn zurückbrachte, wehrte Josseles Dank bescheiden ab.

»Wir tun nur unsere Pflicht«, sagte er und fügte mit maliziösem Grinsen hinzu: »Aber wenn wir den Dieb erwischen, wird er zu allem anderen auch noch ein saftiges Strafmandat zu bezahlen haben!«

Die Affäre Aristobulos

Unsere biblische Tiergeschichte beginnt damit, dass in zwei neu errichtete, nebeneinanderliegende Einfamilienvillen in unserer Nähe zwei Familien einzogen, die des Musiklehrers Samuel Meyer in die eine, die des Privatbeamten Josua Obernik in die andere.

Es war von Anbeginn klar, dass die beiden Familien einander nicht leiden konnten und es nur darauf angelegt hatten, sich gegenseitig die Hölle heißzumachen. Als Ziel schwebte jeder von ihnen die Vertreibung des anderen vor. Zur Erreichung dieses Ziels leerten sie ihre Abfallkübel in des Nachbars Garten, drehten das Radio so laut auf, dass die Fensterscheiben zitterten, setzten seine Fernsehantenne außer Betrieb und taten alles, was man in solchen Fällen sonst noch zu tun pflegt.

Angeblich soll Meyer sogar versucht haben, Oberniks Badewanne an die Hochspannungsleitung anzuschließen. Aber selbst wenn das übertrieben ist, gab es keinen Zweifel, dass über kurz oder lang eine der beiden Familien ausziehen müsste. Die Frage war, wer die besseren Nerven hatte. In unserer Straße standen die Wetten 3:1 für Meyer.

Bis hierher ist das eine ganz gewöhnliche Geschichte, wie sie sich in jedem Häuserblock zutragen kann. Ungewöhnlich wurde sie erst, als die Oberniks sich einen Hund zulegten. Er hieß Aristobulos und war von undefinierbarer Rasse, obwohl er angeblich aus einer erstklassigen skandinavischen Zucht stammte. Die Oberniks hüteten ihn wie ihren Augapfel und ließen ihn nur des Nachts ins Freie.

Das geschah offenbar aus Furcht vor Aggressionen, was nicht ganz aus der Luft gegriffen war. Das Bellen des Aristobulos konnte nämlich durchaus einen Nachbarn um den Verstand bringen, vor allem wenn es sich bei diesem Nachbarn um einen Musiklehrer mit absolutem Gehör handelte.

Aristobulos stimmte sein keifendes, infernalisch durchdringendes Gebell zu den widerwärtigsten Stunden an, um 5.15 Uhr am Morgen, zwischen 14 und 16 Uhr, also zu einer Zeit, da Herr Meyer sein Nachmittagsschläfchen hielt, dann wieder gegen Mitternacht und um 3.30 Uhr. Natürlich bellte er auch zwischendurch, aber die genannten waren seine Hauptbellzeiten. Bei Nacht verlegte er sie in den Garten.

Nach ungefähr einer Woche, während des üblichen Nachmittagskonzerts, trat Frau Meyer vors Haus und rief in Richtung Obernik: »Sorgen Sie dafür, dass Ihr Hund zu bellen aufhört, sonst kann ich für nichts garantieren. Mein Mann ist fähig, ihn zu erschießen.«

Da man wusste, dass Samuel Meyer eine Jagdflinte besaß, nahm sich Frau Obernik die Warnung zu Herzen und sprach von nun an, sowie Aristobulos zu bellen begann, mit besänftigender Stimme auf ihn ein: »Ruhig, Aristobulos. Du störst Herrn Meyer. Schäm dich. Hör auf zu bellen. Kusch.«

Aristobulos kuschte in keiner Weise. Im Gegenteil,

er steigerte sein Gekläff, als wollte er für die Freiheit des Bellens demonstrieren.

Meyer bat seinen Anwalt um Rat. Zu seiner Verbitterung erfuhr er, dass das Halten von Hunden zu den unveräußerlichen Bürgerrechten gehört und dass einem Hund von Gesetzes wegen nicht vorgeschrieben werden kann, wie und wann er zu bellen hat.

So griff Samuel Meyer eines Nachts zum Jagdgewehr und setzte sich in seinen Garten, wo er hinter einem Strauch auf das Erscheinen von Aristobulos wartete. Aristobulos erschien nicht. Er bellte zwar genau zu den gewohnten Stunden (0.00, 3.30, 5.15), aber er bellte im Haus.

Von Zeit zu Zeit glaubte Meyer, ihn an der Tür kratzen und jämmerlich winseln zu hören, ohne dass sich die Tür öffnete. Entweder ahnte Obernik etwas von der lauernden Gefahr, oder er tat's aus purer Grausamkeit.

Als sich an diesem rätselhaften Ablauf auch in den folgenden zwei Nächten nichts änderte, entschloss sich Meyer, der das Geheimnis ergründen wollte, zu einem riskanten Schritt. Er schlich in der Dunkelheit zum Obernikschen Schlafzimmer, spähte vorsichtig durchs halb geöffnete Fenster und traute seinen Augen und übrigens auch seinen Ohren nicht: Josua Obernik lag mit gelangweiltem Gesichtsausdruck im Bett und bellte. Neben ihm lag Frau Obernik und sagte von Zeit zu Zeit ohne besondere Anteilnahme: »Ruhig, Aristobulos. Du musst Herrn Meyer schlafen lassen. Kusch.«

Samuel Meyer wollte schon schießen, riss sich jedoch zusammen und ging auf die nächste Polizeiwache, wo er dem dienstschlafenden Beamten die ganze Geschichte erzählte.

Der Beamte antwortete: »Na und?«

»Was heißt hier na und?«, brüllte Meyer. »Der Kerl ruiniert mich. Ich kann seit Wochen nicht schlafen. Außerdem schädigt er mein Gehör, das ich für meinen Beruf brauche.«

»Bedaure«, bedauerte das Amtsorgan. »Gegen Lautsprecher nach Mitternacht kann ich einschreiten, gegen jemanden, der bellt, nicht. Außerdem fällt diese Angelegenheit in die Kompetenz der Stadtverwaltung.«

Am nächsten Morgen, nachdem Aristobulos ihn pünktlich um 5.15 Uhr geweckt hatte, ging Samuel Meyer wieder zu seinem Rechtsanwalt und informierte ihn, dass Josua Obernik sich sozusagen als Selbsthund zu Hause hielt. Der Anwalt blätterte in seinen Gesetzbüchern und schüttelte den Kopf.

»Im britischen Mandatsgesetz kann ich nichts finden, was die Nachahmung von Tierstimmen verbietet. Auch die Ottomanischen Gesetze, die ja auf zahlreichen Gebieten unseres öffentlichen Lebens noch in Kraft sind, enthalten nichts Brauchbares. Hingegen schreiben sie Entlohnung für Personen vor, die zur Bewachung angestellt sind, also die Funktionen eines Wachhundes ausüben. Wir werden daher gegen Herrn Obernik Anzeige erstatten, weil er keine amtliche Bewilligung zum Halten eines Wachhundes beziehungsweise einer Wachtperson besitzt.«

Die Anzeige wurde erstattet. Sicherheitshalber fügte der erfahrene Jurist noch hinzu, dass Herr Obernik keine Hundesteuer für sich bezahlte, und verlangte seine sofortige Verhaftung wegen Steuerhinterziehung.

Die Reaktion der Behörde war niederschmetternd. Herr Obernik hatte nicht nur die vorgeschriebene Bewilligung eingeholt, sondern auf ein Jahr im Voraus die Hundesteuer für sich bezahlt.

Aristobulos bellte immer lauter, immer unablässiger, immer durchdringender. Die Schlacht hatte ihr entscheidendes Stadium erreicht.

In einem letzten verzweifelten Gegenangriff verständigte Samuel Meyer das Gesundheitsministerium, dass sein Nachbar Aristobulos an Tollwut litte und im Interesse der Öffentlichkeit umgehend vertilgt werden müsste.

Das Ministerium schickte einen Tierarzt, der Herrn Obernik nach sorgfältiger Untersuchung ein amtliches Gesundheitszeugnis ausstellte. Die Rechnung ging an Samuel Meyer. Sie war beträchtlich.

Obernik hatte gesiegt. Am nächsten Monatsersten zog Meyer samt Familie aus.

»Recht geschieht ihm«, bemerkte die beste Ehefrau von allen. »Warum hat er nicht zurückgebellt?«

*Mit diesem Buch überstehen Sie
jede Familienfeier*

*»Im Grunde ist die Suche nach verlorenen Ver-
wandten eine Suche nach den eigenen Wurzeln,
wenn möglich nach wohlhabenden. Der unwider-
stehliche Drang, Verwandte zu entdecken, entsteht
besonders in Zeiten drohender Kriegsgefahr oder
wenn die Bank einen Bürgen verlangt.«*

Unangemeldete Besuche des Erbonkels, Tanten, die
alles besser wissen, Urlaub mit Kind und Kegel …
Ephraim Kishon, gesegnet mit der besten Ehefrau
von allen und einer großen Familie, wusste, wovon
er schrieb: Der Verwandtschaft kann man meistens
nicht entkommen. Doch der Weltmeister des Hu-
mors findet in jeder noch so absurden Situation
den Moment, in dem ein befreiendes Lachen alles
wieder ins Lot bringt.
Eine wunderbare Sammlung von Satiren, mit der
man feststellen wird, dass es ganz ohne die liebe
Verwandtschaft auch nicht geht …

Ephraim Kishon
Die liebe Verwandtschaft

160 Seiten, ISBN 978-3-7844-3230-4

Langen*Müller*   www.langen-mueller-verlag.de